COMMENT ÊTRE VU ?

Le guide ultime pour briller sur internet.

Claudio Bocchia

par Claudio Bocchia - Sigma Thotmes publishing - tous droits réservés.

Il est illégal de reproduire, dupliquer ou transmettre une partie quelconque de ce document, que ce soit par voie électronique ou imprimée. L'enregistrement de cette composition est strictement interdit.

Ce livre s'efforce d'expliquer les enjeux de la visibilité sur les supports numériques pour votre business. Il aborde les thématiques suivantes :

- Comprendre les changements dans le marketing et la communication et ses enjeux sur votre business.
- Utiliser les outils gratuits à disposition pour augmenter votre visibilité sur internet.
- Comment utiliser facilement les réseaux sociaux pour acquérir et fidéliser vos clients.

Avant-propos. 11

Ce n'est plus comme avant, tout a changé. 13

    L'Évolution du Comportement et des Moyens de Communication depuis l'Avènement d'Internet. 13

    Parlons d'évolution. 16

    Les Débuts : Des Téléphones Analogiques aux Premiers Mobiles. 17

    L'Ère des Téléphones Mobiles. 17

    L'Évolution Continue : Vers des Téléphones Intelligents et Connectés. 19

Le business aujourd'hui. 21

    L'Évolution du Commerce : La Coexistence du Commerce Physique et Virtuel. .. 21

    Le Commerce Physique : Une Expérience Tangible. 21

    Le Commerce en Ligne : La Puissance de la Digitalisation. 23

    La Synergie entre le Physique et le Virtuel. 25

Le marketing de 1910 à aujourd'hui. 27

    Évolution du Marketing : Un Retour dans le Temps à travers les Âges. 27

Utilisation d'internet 35

    L'Évolution de l'Utilisation d'Internet en Suisse. 35

Quel est le risque de ne rien faire ? 39

    Risques de ne pas Évoluer vers le Digital : Leçons Tirées des Échecs d'Entreprises. 39

Les clients d'aujourd'hui. 43

    Changement du Comportement des Consommateurs. 44

    Personnalisation et Ciblage. 44

    Interactivité et Engagement. 45

Accessibilité et Disponibilité. 46

Conclusion. 46

Introduction à la visibilité numérique 47

Maximiser votre Présence en Ligne grâce au Référencement Naturel (SEO).... 47

L'importance du TOP référencement. 49

Les Fondements du Référencement Optimal. 51

La Page Google : Une Analyse de ses Trois Composantes Essentielles. 55

1. *Annonces Payantes (SEA) : Capturer l'Attention Instantanée.* 55
2. *Référencement Naturel (SEO) : Gagner en Pertinence et en Autorité.*...... 56
3. *Google My Business (GMB) : Maîtriser votre Présence Locale.* 56

Recherchez votre activité. 57

Importance d'un site web responsive. 59

L'Essentiel d'un Site Web Responsive : Garantir une Expérience Optimale sur Tous les Appareils 59

Adaptabilité aux Tendances de Recherche : La Prédominance des Appareils Mobiles. 60

Expérience Utilisateur Optimale : La Clé de la Satisfaction Client. 60

Pénalités dans les Résultats de Recherche Mobiles : Les Conséquences des Sites Non-Responsive. 60

Cohérence globale. 63

L'Importance de la Cohérence Graphique Globale. 63

Google My Business. 65

L'Essentiel de Google My Business : Optimiser votre Présence Locale. 65

Maximiser l'Impact de Google My Business pour Votre Établissement.......... 67

Web to store. 71

    Être visible est différent qu'être présent ! 71

Maximiser l'Analyse des Performances par Google : Optimiser votre Présence en Ligne. 75

Maximiser la Visibilité avec le Référencement Naturel (SEO). 79

    Optimisation du Contenu et des Balises Méta : Structurer pour la Compréhension. 79

    Obtention de Backlinks de Qualité : Renforcer l'Autorité. 81

    Vision à Long Terme : Patience et Rentabilité. 81

Blogging : Renforcez Votre Présence en Ligne. 83

    1. Augmentation du Trafic Web : 83

    2. Optimisation pour le SEO : 83

    3. Fourniture d'Informations Pertinentes : 83

    4. Établissement de l'Expertise : 84

    5. Engagement de la Communauté : 84

    6. Partage sur les Réseaux Sociaux : 84

    7. Génération de Leads : 84

Tirer Parti du Référencement Payant (SEA) pour des Résultats Rapides. ... 87

    Obtention Rapide de Résultats : Rapidité d'Action. 88

    Paiement au Clic : Rentabilité et Contrôle. 88

    Enchères et Positionnement : Stratégie de Mise en Avant. 88

    Surveillance et Optimisation : Maximiser le Retour sur Investissement. ... 88

    Analyse des conversions. 89

Guide des Réseaux Sociaux. 91

    Choisissez le Bon Canal pour Votre Audience. 92

L'Omniprésence des Réseaux Sociaux : Impact sur le Mode de Vie Moderne. .. 95

    Utilisation Permanente : Toujours Connecté. 95

    Nouvelles Habitudes de Consommation : Information Instantanée. 95

    Impact sur les Interactions Sociales : Connectivité Virtuelle. 95

    Défis et Opportunités : Gestion de l'Utilisation. 96

L'Approche Itérative des Réseaux Sociaux : Création, Optimisation et Mesure. 99

    1.   *Création de Contenu : Pertinent et Engageant.* 99

    2.   *Optimisation du Contenu : Cohérence et Qualité.* 99

    3.   *Publication et Promotion : Diffusion Stratégique.* 99

    4.   *Mesure de l'Impact : Analyse et Adaptation.* 100

    5.   *Répétition du Processus : Amélioration Continue.* 100

Facebook **103**

    Différences entre un Profil Personnel et une Page Entreprise sur Facebook. . 103

    Différence entre un Post Facebook sans Publicité et un Post Sponsorisé. 104

    Meta Business Manager : Ciblez Votre Audience de Manière Précise. 108

LinkedIn **113**

    Maximiser l'Utilisation de LinkedIn : Plateforme Sociale Professionnelle. 113

    Bonnes Pratiques de Publication sur LinkedIn. 114

Instagram : L'Importance de la Beauté du Fil d'Actualité. **117**

    Première Impression Mémorable : 117

    Renforcement de la Marque : 118

    Engagement Accru : 118

    Différenciation de la Concurrence : 118

Création d'une Communauté Engagée : *118*

Attraction de Nouveaux Abonnés : *119*

Opportunité de Créativité : *119*

Emailing et Newsletters : Pour Engager Votre Audience. **121**

1. *Offres Spéciales :* *121*
2. *Nouvelles et Mises à Jour :* *121*
3. *Sondages et Feedback :* *121*
4. *Fidélisation de la Clientèle :* *122*
5. *Contenu de Valeur :* *122*
6. *Personnalisation :* *122*
7. *Appel à l'Action (CTA = Call To Action) :* *122*

À propos de l'auteur. **125**

Avant-propos.

Cher lecteur/lectrice,

Le monde change vite, très vite, et, avec lui, le comportement de vos clients. Ce guide va vous donner des clés utiles pour vos projets. Générez-vous assez de ventes via les nouveaux médias ? Votre stratégie marketing est-elle adaptée ? Êtes-vous assez visible ? On s'y perd !

En effet, la majorité des entreprises sont peu ou mal renseignées sur le sujet : trop d'information, trop technique, pas de temps, peu pratique. Et si on vous aidait à comprendre le monde numérique et, surtout, comment tirer profit de ces nouvelles opportunités ?

Ce n'est plus comme avant, tout a changé.

L'Évolution du Comportement et des Moyens de Communication depuis l'Avènement d'Internet.

Depuis l'avènement d'Internet, le paysage des communications et le comportement humain ont été profondément remodelés. Ce chapitre se penche sur les transformations majeures induites par l'émergence du digital, notamment l'évolution des comportements individuels et collectifs, ainsi que les changements dans les moyens et supports de communication.

Transformation du Comportement Humain.

L'arrivée d'Internet a révolutionné la manière dont les individus interagissent, consomment de l'information, et communiquent entre eux. Avant l'ère digitale, les interactions étaient souvent limitées dans le temps et l'espace, nécessitant des rencontres physiques ou des échanges de courrier traditionnel. Désormais, la connexion permanente à Internet a engendré une véritable culture de la communication instantanée et mondiale.

Instantanéité et Accessibilité.

Internet a aboli les barrières de temps et d'espace. Les individus peuvent désormais communiquer en temps réel, peu importe leur localisation géographique. Les plateformes de messagerie instantanée, les réseaux sociaux et les applications de vidéoconférence ont considérablement raccourci les délais de réponse et facilité la coordination entre individus, que ce soit dans le cadre professionnel ou personnel.

Abondance d'Information et Sélection.

L'explosion d'Internet a entraîné une surabondance d'informations, créant un défi nouveau : la sélection. Les individus sont désormais confrontés à un flux incessant de contenus provenant de diverses sources, nécessitant une capacité accrue à filtrer, évaluer et hiérarchiser les informations. Cette évolution a façonné un comportement de consommation de contenu plus actif et sélectif, où les utilisateurs recherchent activement des informations pertinentes tout en évitant la surcharge cognitive.

Nouvelles Formes d'Interaction Sociale.

Les réseaux sociaux ont profondément modifié les interactions sociales en permettant aux individus de maintenir des liens avec un réseau étendu de contacts, qu'ils soient amis, famille, collègues ou même inconnus partageant des intérêts communs. Les plateformes sociales offrent un espace où les individus peuvent partager leurs expériences, opinions et émotions, favorisant ainsi la création de communautés virtuelles et l'expression individuelle.

Évolution des Moyens de Communication.

En parallèle à l'évolution du comportement humain, les moyens de communication ont également subi une transformation radicale avec l'avènement d'Internet. Des canaux traditionnels tels que le courrier postal et le téléphone ont été complétés, voire remplacés, par une multitude de nouveaux outils de communication numérique.

Communication Multicanal.

Internet a introduit une variété de canaux de communication, offrant aux individus une gamme diversifiée d'options pour interagir. Du courrier électronique aux applications de messagerie instantanée en passant par les appels vidéo, les utilisateurs peuvent choisir le canal le plus approprié en fonction du contexte et de leurs préférences personnelles. Cette diversification des canaux favorise une communication plus fluide et adaptable aux besoins spécifiques de chaque utilisateur.

Accessibilité et Connectivité.

Contrairement aux moyens de communication traditionnels, tels que le téléphone ou le courrier postal, les outils numériques sont largement accessibles et souvent gratuits. Cette accessibilité accrue a démocratisé la communication, permettant à un plus grand nombre de personnes d'accéder aux moyens de communication et de participer à des échanges à l'échelle mondiale. De plus, la connectivité omniprésente offre une disponibilité constante, permettant aux individus de communiquer à tout moment et en tout lieu.

Personnalisation et Interactivité.

Les nouvelles technologies de communication offrent des fonctionnalités avancées de personnalisation et d'interactivité. Les utilisateurs peuvent désormais créer du contenu personnalisé, participer à des discussions en temps réel et s'engager dans des interactions riches avec d'autres utilisateurs à travers le monde. Cette interactivité accrue favorise l'engagement et renforce les liens sociaux, tout en offrant de nouvelles opportunités pour la collaboration et la créativité.

Conclusion.

L'avènement d'Internet a été un catalyseur majeur de changement dans le comportement humain et les moyens de communication. Cette révolution digitale a transformé la façon dont les individus interagissent, consomment de l'information et communiquent entre eux, en introduisant de nouvelles normes sociales, de nouvelles habitudes de consommation et de nouvelles formes d'interaction. Alors que nous continuons à naviguer dans ce paysage en constante évolution, il est essentiel de comprendre et d'appréhender les implications de ces changements pour mieux saisir les opportunités et les défis du monde digital.

Parlons d'évolution.

Évolution des Téléphones Portables : Des Années 1980 aux Smartphones d'Aujourd'hui.

Depuis les années 1980, l'industrie des téléphones portables a connu une évolution remarquable, passant de simples appareils de communication à des smartphones multifonctions intégrant une multitude de technologies avancées. Ce chapitre explore les principales étapes de cette évolution, mettant en lumière les innovations technologiques qui ont transformé la façon dont nous utilisons et percevons les téléphones portables.

Les Débuts : Des Téléphones Analogiques aux Premiers Mobiles.

Téléphonie Cellulaire Analogique.

Dans les années 1980, les premiers téléphones portables étaient basés sur des technologies analogiques et fonctionnaient sur des réseaux de téléphonie cellulaire embryonnaires. Ces appareils, souvent encombrants et dotés d'antennes extérieures, offraient des fonctionnalités de base telles que les appels vocaux et, dans certains cas, l'envoi de messages texte rudimentaires.

Miniaturisation et Mobilité Croissante.

Au cours des années 1990, les progrès dans la miniaturisation des composants électroniques ont permis de concevoir des téléphones portables plus compacts et légers. Ces appareils étaient caractérisés par leur facilité d'utilisation et leur portabilité accrue, ouvrant la voie à une adoption plus généralisée de la téléphonie mobile.

L'Ère des Téléphones Mobiles.

Passage au Numérique.

À la fin des années 1990 et au début des années 2000, la transition vers la téléphonie mobile numérique a marqué une étape décisive dans l'évolution des téléphones portables. Les réseaux numériques offraient une meilleure qualité de communication et permettaient le développement de nouvelles fonctionnalités telles que l'envoi de SMS, les sonneries personnalisées et l'accès à des services basés sur Internet limités.

L'Avènement des Smartphones.

La véritable révolution des téléphones portables est survenue avec l'avènement des smartphones à la fin des années 2000. Ces appareils, dotés de systèmes d'exploitation avancés tels qu'iOS et Android, ont introduit une gamme de fonctionnalités révolutionnaires, y compris :

- Écrans Tactiles et Interfaces Utilisateurs Intuitives : Les smartphones ont abandonné les claviers physiques au profit d'écrans tactiles capacitifs, offrant une expérience utilisateur plus intuitive et une navigation fluide.

- Connectivité Internet et Applications : Les smartphones offrent un accès quasi permanent à Internet via des réseaux mobiles haut débit, permettant aux utilisateurs de naviguer sur le Web, d'accéder à des applications et de communiquer via des services de messagerie instantanée et des réseaux sociaux.
- Multimédia et Divertissement : Les smartphones sont devenus des dispositifs polyvalents, permettant non seulement de passer des appels et d'envoyer des messages, mais aussi de prendre des photos de haute qualité, de regarder des vidéos, d'écouter de la musique et de jouer à des jeux.

L'Évolution Continue : Vers des Téléphones Intelligents et Connectés.

Intégration de Technologies Avancées.

Au fil du temps, les smartphones ont continué à évoluer avec l'intégration de technologies avancées telles que la réalité augmentée, l'intelligence artificielle et la connectivité 5G. Ces innovations ont élargi les possibilités d'utilisation des téléphones portables, ouvrant la voie à de nouveaux cas d'utilisation dans des domaines tels que la santé, l'éducation, et l'automobile.

Durabilité et Écologie.

En parallèle, il y a eu un mouvement croissant vers la durabilité et la responsabilité environnementale dans la conception des téléphones portables. Les fabricants cherchent à réduire leur empreinte carbone en utilisant des matériaux recyclés, en concevant des appareils modulaires et en encourageant le recyclage des appareils obsolètes.

Conclusion.

L'évolution des téléphones portables, des années 1980 aux smartphones d'aujourd'hui, témoigne d'une progression technologique fulgurante et d'une transformation radicale de nos modes de vie. Des appareils autrefois limités à des fonctions de communication de base sont devenus des outils polyvalents et omniprésents, révolutionnant la façon dont nous interagissons avec le monde qui nous entoure. Alors que la technologie continue de progresser, il est fascinant d'imaginer quelles innovations futures façonneront la prochaine génération de téléphones portables.

Le business aujourd'hui.

L'Évolution du Commerce : La Coexistence du Commerce Physique et Virtuel.

Aujourd'hui le paysage commercial est caractérisé par une dualité entre le commerce physique traditionnel, représenté par les magasins physiques, et le commerce en ligne florissant à travers les boutiques en ligne. Cette évolution reflète les changements dans les comportements d'achat des consommateurs, stimulés par les avancées technologiques et les transformations socio-économiques. Ce chapitre explore la coexistence de ces deux modes de commerce et examine leurs implications sur le monde des affaires.

Le Commerce Physique : Une Expérience Tangible.

Les Magasins Traditionnels

Les magasins physiques continuent de jouer un rôle crucial dans le paysage commercial, offrant aux consommateurs une expérience d'achat tactile et immersive. Ces espaces physiques permettent aux clients d'explorer les produits, de les toucher, de les essayer et de bénéficier de conseils personnalisés de la part des vendeurs. Les magasins physiques restent donc essentiels pour certains secteurs, notamment la mode, les produits de luxe et l'alimentation.

L'Expérience Client.

L'un des principaux atouts du commerce physique réside dans son potentiel à créer des expériences mémorables pour les clients. Les magasins investissent de plus en plus dans des concepts de design innovants, des événements spéciaux et des services personnalisés pour fidéliser leur clientèle et se démarquer de la concurrence en ligne. L'objectif est de transformer l'acte d'achat en une expérience sociale et divertissante, plutôt qu'une simple transaction commerciale.

Les commerces traditionnels risquent de perdre des clients après les avoir conseillés, ces derniers préférant parfois finaliser leur achat en ligne, souvent à des tarifs plus avantageux, après avoir obtenu toutes les informations nécessaires en magasin. Il devient donc crucial pour les commerces de mettre en place des stratégies afin de contrer cette tendance.

Le Commerce en Ligne : La Puissance de la Digitalisation.

L'Expansion des Boutiques en Ligne.

Parallèlement au commerce physique, le commerce en ligne a connu une croissance exponentielle, avec la prolifération de boutiques en ligne offrant une gamme diversifiée de produits et de services. Les plateformes de commerce électronique telles qu'Amazon, Ali express, Temu, Zalando dominent le marché mondial, offrant aux consommateurs un accès facile à une multitude de produits provenant du monde entier.

Commodité et Personnalisation.

La popularité croissante du commerce en ligne s'explique en partie par sa commodité et sa facilité d'utilisation. Les consommateurs peuvent désormais acheter des produits à tout moment, de n'importe où, grâce à leurs appareils connectés. De plus, les boutiques en ligne exploitent des algorithmes sophistiqués pour recommander des produits personnalisés en fonction des préférences et des comportements d'achat des utilisateurs, offrant ainsi une expérience d'achat hautement personnalisée.

La Synergie entre le Physique et le Virtuel.

L'Omnicanalité.

La frontière entre le commerce physique et le commerce en ligne s'est estompée, donnant lieu à une approche omnicanale où les entreprises intègrent harmonieusement leurs opérations en ligne et hors ligne. Cette synergie permet aux consommateurs de bénéficier d'une expérience d'achat fluide et cohérente, qu'ils choisissent de faire leurs achats en magasin, en ligne ou via des canaux mobiles.

L'omnicanalité émerge comme une solution essentielle pour convertir les clients qui ne réalisent pas directement leurs achats en magasin. Il est crucial de leur offrir une expérience en ligne pour conclure malgré tout la vente. En adoptant cette approche à double volet, non seulement vous pouvez récupérer certains clients autrement perdus, mais vous avez également la possibilité de gagner des parts de marché supplémentaires.

Click and Collect et Showrooming.

Des stratégies telles que le *click and collect*, qui permet aux clients de commander en ligne et de récupérer leurs achats en magasin. Le showrooming, quant à lui, consiste à consulter des produits en magasin avant de les acheter en ligne. Ces deux stratégies illustrent l'interconnexion croissante entre les deux modes de commerce. Ces pratiques offrent aux consommateurs la flexibilité de choisir le canal d'achat qui correspond le mieux à leurs besoins et à leurs préférences.

Conclusion.

Aujourd'hui, le paysage commercial est caractérisé par une coexistence dynamique entre le commerce physique et le commerce en ligne. Alors que les magasins physiques continuent d'offrir des expériences tangibles et sociales, le commerce en ligne séduit les consommateurs par sa commodité et sa personnalisation. La synergie entre ces deux modes de commerce offre de nouvelles opportunités pour les entreprises de répondre aux besoins changeants des consommateurs et de prospérer dans un environnement commercial en constante évolution. En conjuguant les forces du monde physique et virtuel, les entreprises peuvent créer des expériences d'achat uniques et holistiques qui inspirent et fidélisent leur clientèle.

Le marketing de 1910 à aujourd'hui.

Évolution du Marketing : Un Retour dans le Temps à travers les Âges.

Le marketing a subi une transformation significative tout au long de l'histoire, passant des simples annonces dans les journaux des années 1910 aux stratégies sophistiquées de ciblage des utilisateurs sur les appareils mobiles aujourd'hui. Ce chapitre explore cette évolution à travers les décennies, mettant en lumière les changements majeurs dans les stratégies de marketing et les canaux de diffusion.

Phineas Taylor Barnum, mieux connu sous le nom de P.T. Barnum, était un showman américain du 19e siècle, célèbre pour ses spectacles et ses attractions sensationnelles. Il est souvent considéré comme l'un des pionniers de la publicité et du marketing moderne pour plusieurs raisons :

1. Créativité et spectacle :

Barnum a introduit des concepts innovants dans la promotion de ses spectacles, en utilisant des techniques publicitaires percutantes et spectaculaires pour attirer l'attention du public. Il a organisé des événements publics inhabituels et des attractions sensationnelles, attirant ainsi les foules et générant un intérêt massif pour ses spectacles.

2. Utilisation de la presse :

Barnum a été l'un des premiers à comprendre le potentiel de la presse dans la promotion de ses spectacles. Il a exploité les journaux et les médias locaux pour annoncer ses événements, rédigeant des communiqués de presse accrocheurs et des publicités flamboyantes pour attirer l'attention du public.

3. Stratégies marketing novatrices :

Barnum a utilisé diverses stratégies marketing novatrices à l'époque pour attirer le public, telles que la distribution de prospectus, la création de bannières colorées et l'utilisation de slogans accrocheurs. Il a également eu recours à des techniques de marketing viral en exploitant le bouche-à-oreille pour créer un buzz autour de ses spectacles.

4. Segmentation de marché :

Barnum a compris l'importance de cibler différents segments de marché pour maximiser son audience. Il a adapté ses messages publicitaires en fonction des préférences et des intérêts de différents groupes démographiques, ce qui lui a permis d'attirer un large éventail de spectateurs.

Les Années 1910 : Les Débuts de la Publicité.

Au début du 20e siècle, la publicité était principalement limitée aux journaux et se présentait sous forme de simples annonces textuelles, dépourvues de graphismes ou de couleurs. Ces annonces étaient souvent utilisées pour promouvoir des produits de consommation courante, tels que des produits alimentaires ou des vêtements, et visaient à informer le public de leur disponibilité.

Les Années 1960 : L'Ère de la Publicité Graphique.

Dans les années 1960, l'avènement des techniques d'impression avancées a ouvert la voie à l'utilisation de graphismes et de couleurs dans les annonces de presse mais également la diffusion en masse de la publicité à la télévision. Les marques ont commencé à investir dans des designs plus attrayants et percutants pour capturer l'attention des consommateurs dans les journaux, magazines, la radio et la télévision. Cette période a vu l'émergence de slogans mémorables et d'images iconiques qui ont façonné la culture publicitaire de l'époque.

Les Années 1980 - 2000 : L'Explosion de la Publicité Traditionnelle.

Dans les décennies suivantes, les journaux étaient inondés d'annonces pour une multitude de biens et services, reflétant la montée en puissance de la consommation de masse. Les marques rivalisaient pour attirer l'attention des consommateurs avec des offres promotionnelles et des campagnes publicitaires agressives. Les annonces étaient souvent présentées de manière imposante, occupant de larges espaces dans les pages des journaux pour maximiser leur visibilité, tandis que les rues étaient envahies par une multitude de panneaux publicitaires.

L'Ère Numérique : De Google aux Appareils Mobiles.

Avec l'avènement d'Internet, le paysage de la publicité a subi une transformation radicale. Dans les années 2000, Google est devenu un acteur dominant du marché de la publicité en ligne avec son programme Google Ads, permettant aux annonceurs de cibler efficacement les utilisateurs en fonction de leurs requêtes de recherche. Dans les années 2010, les annonces sur Google étaient omniprésentes, apparaissant en haut des résultats de recherche et sur le côté de la page.

Aujourd'hui : Le Marketing Mobile.

De nos jours, le marketing s'est largement déplacé vers les appareils mobiles, reflétant la prédominance croissante des smartphones dans nos vies quotidiennes. Les annonceurs investissent massivement dans des stratégies de marketing mobile, utilisant des applications, des notifications push et des publicités ciblées pour atteindre efficacement les utilisateurs sur leurs appareils personnels. Les réseaux sociaux jouent également un rôle majeur dans le marketing mobile, offrant aux marques un accès direct à des audiences engagées et hautement ciblées.

Conclusion.

L'histoire du marketing est une histoire d'adaptation et d'innovation, où les marques ont constamment évolué pour atteindre leur public cible à travers les canaux les plus efficaces. Des simples annonces textuelles des années 1910 aux stratégies sophistiquées de marketing mobile d'aujourd'hui, le marketing continue d'évoluer pour répondre aux besoins changeants des consommateurs et aux avancées technologiques. Alors que nous entrons dans une ère de connectivité mobile omniprésente, il est clair que le marketing continuera de se transformer pour s'adapter à ce nouvel environnement numérique en constante évolution.

De nos jours, le seul moyen de rester visible est d'être directement présent sur le téléphone portable de votre client potentiel. Tous les autres canaux de communication connaissent une baisse constante de leur efficacité.

Utilisation d'internet

L'Évolution de l'Utilisation d'Internet en Suisse.

L'adoption d'Internet en Suisse a connu une croissance remarquable depuis ses débuts modestes dans les années 1990 jusqu'à sa quasi-universalité aujourd'hui. Cette évolution a été marquée par une augmentation spectaculaire du taux de pénétration d'Internet au sein de la population suisse, ainsi que par une diversification de l'utilisation d'Internet à travers les différentes tranches d'âge.

Début des Années 1990 : Les Débuts d'Internet en Suisse.

Au début des années 1990, l'utilisation d'Internet en Suisse était encore marginale, avec moins de 10% de la population ayant accès à cette nouvelle technologie. À cette époque, Internet était principalement utilisé à des fins professionnelles et académiques, et l'accès était limité à un petit nombre de personnes disposant de compétences techniques avancées. En 1993, Tim Berners-Lee a popularisé le langage HTML, ce qui a ouvert la voie à la création de sites web. Ensuite, en 1998, Larry Page et Sergey Brin ont fondé Google, permettant ainsi l'indexation efficace des sites web dans un moteur de recherche.

Années 2000 : Expansion et Démocratisation d'Internet.

Au tournant du millénaire, l'utilisation d'Internet en Suisse a connu une croissance exponentielle, avec le taux de pénétration passant à près de 40% en l'an 2000. Cette période a été marquée par une démocratisation progressive d'Internet, où de plus en plus de ménages suisses ont commencé à avoir accès à Internet à domicile, principalement via des connexions à bas débit comme l'ADSL. En 2004, c'est le début des réseaux sociaux avec la création de Facebook par Mark Zuckerberg. Cette innovation a profondément révolutionné les interactions sociales entre les individus.

Années 2010 : Vers l'Ubiquité d'Internet.

Dans les années 2010, l'utilisation d'Internet en Suisse est devenue presque ubiquitaire, avec des taux de pénétration dépassant largement les 90%. Cette période a été caractérisée par une adoption généralisée d'Internet dans tous les aspects de la vie quotidienne, y compris le travail, l'éducation, les loisirs et les interactions sociales.

Aujourd'hui : Pratiquement 100% de Taux de Pénétration.

Aujourd'hui, l'utilisation d'Internet en Suisse est pratiquement universelle, avec un taux de pénétration approchant les 100%. La connectivité Internet est devenue un élément essentiel de l'infrastructure sociale et économique du pays, jouant un rôle crucial dans la communication, le commerce, l'accès à l'information et la participation à la vie publique.

La Diversification par Tranche d'Âge.

Une tendance notable dans l'évolution de l'utilisation d'Internet en Suisse est la diversification de l'adoption par tranche d'âge. Alors qu'à ses débuts, Internet était principalement utilisé par les jeunes adultes et les professionnels, l'utilisation d'Internet s'est étendue à toutes les tranches d'âge au fil du temps.

Les Seniors sur Internet.

Une évolution particulièrement marquante est la forte augmentation de l'utilisation d'Internet parmi les seniors en Suisse. Alors qu'en 1990, l'accès à Internet était rare parmi cette population, aujourd'hui, plus de 60% des seniors de plus de 70 ans sont connectés à Internet. Cette tendance témoigne de l'importance croissante d'Internet comme outil de communication, de divertissement et d'accès à l'information pour toutes les générations.

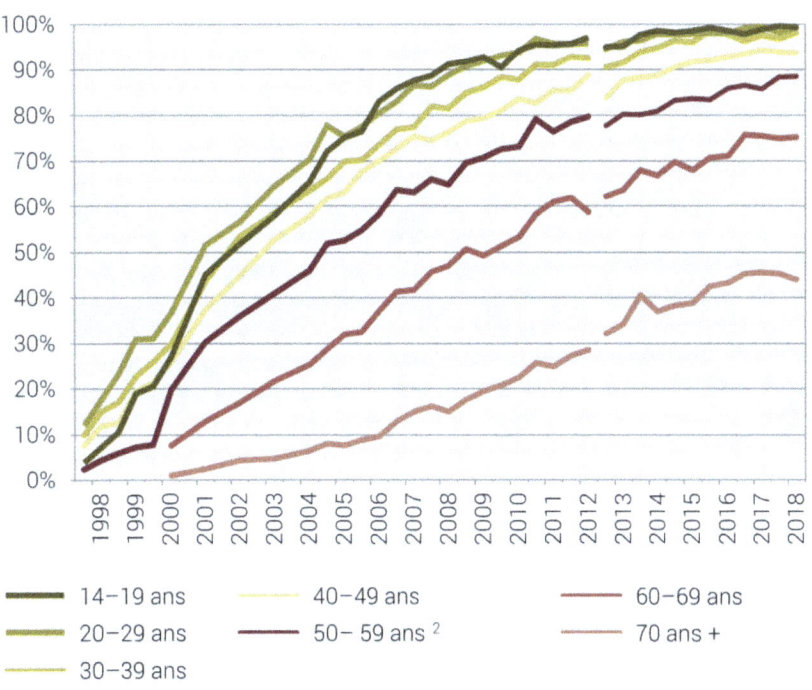

Utilisation d'internet en Suisse selon l'âge, 1997-2018[1]

Utilisateurs réguliers (CRU) en % des individus de 14 ans et plus

- 14–19 ans
- 20–29 ans
- 30–39 ans
- 40–49 ans
- 50–59 ans [2]
- 60–69 ans
- 70 ans +

[1] Pour des raisons méthodologiques, les résultats dès l'automne 2012 ne peuvent être comparés à ceux des études antérieures. La comparaison avec les années à venir est par contre possible
[2] 50 ans et plus pour les années 1997-1999

Source: MANet: Net-Metrix-Base © OFS 2018

Conclusion.

L'histoire de l'utilisation d'Internet en Suisse est celle d'une évolution rapide et d'une adoption généralisée, passant de ses débuts modestes dans les années 1990 à sa quasi-universalité aujourd'hui. Cette évolution a été caractérisée par une croissance exponentielle du taux de pénétration d'Internet au sein de la population suisse, ainsi que par une diversification de l'utilisation d'Internet à travers les différentes tranches d'âge. Alors que nous entrons dans une ère de connectivité omniprésente, il est clair que l'importance d'Internet dans la société suisse continuera de croître, jouant un rôle essentiel dans tous les aspects de la vie quotidienne.

Quel est le risque de ne rien faire ?

Risques de ne pas Évoluer vers le Digital : Leçons Tirées des Échecs d'Entreprises.

La résistance au changement et le refus d'évoluer vers le digital peuvent conduire à des conséquences désastreuses pour les entreprises, allant de la perte de parts de marché à la fermeture pure et simple. À travers les exemples de Kodak, Nokia et Veillon, nous pouvons observer les dangers concrets de l'inaction face à la révolution numérique.

Kodak : De la Domination à la Déchéance.

Kodak, autrefois leader mondial de la photographie, est un exemple frappant des conséquences de l'immobilisme face au digital. Malgré son rôle pionnier dans l'invention de l'appareil photo numérique en 1975 par l'ingénieur Steven Sasson, l'entreprise a choisi de ne pas commercialiser cette technologie par crainte de cannibaliser ses ventes de films. Ce choix stratégique désastreux a conduit à une perte de compétitivité face aux nouveaux acteurs du marché et à la faillite ultime de l'entreprise.

Nokia : Du Sommet à la Chute.

Nokia, autrefois synonyme de qualité et d'innovation dans l'industrie des télécommunications, a également été victime de son incapacité à s'adapter aux changements du marché. Malgré sa position dominante dans le secteur des téléphones portables, Nokia n'a pas su anticiper l'impact disruptif de l'iPhone d'Apple et l'émergence des smartphones. En négligeant le potentiel du marché des smartphones et en restant attaché à ses modèles de téléphones traditionnels, Nokia a vu sa part de marché s'effondrer, entraînant une crise financière majeure et une perte de confiance des consommateurs. En 2007, Nokia détenait 50% de la part du marché mondial des téléphones. Cependant, cette même année, Apple a introduit iOS, bouleversant le paysage technologique, tandis que l'entreprise Google a lancé Android, créé par Andy Rubin, Rich Miner, Nick Sears et Chris White. Ces développements ont radicalement changé le marché des téléphones mobiles. En 2012, Nokia a subi une perte astronomique de 4,9 milliards de dollars, marquant ainsi un tournant décisif dans son histoire. En 2014, Nokia se sépare de sa division mobile, symbolisant ainsi la conclusion de son parcours dans le domaine des télécommunications.

Veillon : Le Coût de la Réticence à l'Innovation.

En 2016, c'est la fin définitive de Veillon, une entreprise suisse de vente par correspondance. En l'an 2000, cette société florissante comptait plus de 500 employés. Toutefois, son destin a basculé, car elle n'a pas anticipé que les clients se tourneraient vers le commerce en ligne.

En dépit de l'essor du commerce électronique et du changement des habitudes d'achat des consommateurs, Veillon a persisté à privilégier son catalogue papier, sous-estimant le potentiel du commerce en ligne. Cette décision stratégique erronée a conduit à la faillite de l'entreprise, laissant des centaines d'employés sans emploi et ouvrant la voie à l'ascension de nouveaux acteurs du commerce électronique, tels que Zalando.

Conclusion : L'Impératif de l'Innovation et de l'Adaptation.

Les cas de Kodak, Nokia et Veillon illustrent de manière poignante les dangers de l'immobilisme face à l'évolution numérique. Dans un environnement commercial en constante mutation, l'innovation et l'adaptabilité sont essentielles pour assurer la survie et la prospérité des entreprises. En refusant d'embrasser le digital et de s'adapter aux nouvelles technologies et aux nouveaux comportements des consommateurs, les entreprises s'exposent à un risque accru de marginalisation et d'obsolescence. Ainsi, il est impératif pour les entreprises de reconnaître l'importance de l'innovation et de l'adaptation stratégique pour rester compétitives dans un monde numérique en évolution constante.

Les clients d'aujourd'hui.

Effectivement, dans le paysage actuel, atteindre efficacement les clients nécessite une adaptation aux habitudes de consommation contemporaines, qui sont de plus en plus orientées vers les appareils mobiles. Les publicités traditionnelles telles que les affiches en ville, les annonces dans les journaux ou les publicités dans les transports en commun ont perdu en efficacité pour capter l'attention des consommateurs. Voici quelques raisons pour lesquelles le marketing mobile est devenu essentiel pour toucher les clients aujourd'hui :

Changement du Comportement des Consommateurs.

Les consommateurs passent de plus en plus de temps sur leurs téléphones portables pour accéder à l'information, faire des achats en ligne, interagir sur les réseaux sociaux et consulter des contenus multimédias. Par conséquent, le marketing mobile offre un moyen direct et efficace d'atteindre les clients là où ils se trouvent.

Personnalisation et Ciblage.

Les appareils mobiles offrent des fonctionnalités avancées de ciblage et de personnalisation, permettant aux annonceurs d'adapter leurs messages en fonction des préférences, des comportements d'achat et de la localisation géographique des utilisateurs. Cette approche personnalisée augmente l'efficacité des campagnes marketing en offrant des contenus pertinents et en maximisant l'engagement des utilisateurs.

Interactivité et Engagement.

Les appareils mobiles permettent des formes d'interactivité avancées, telles que les publicités interactives, les sondages en ligne, les vidéos immersives et les jeux publicitaires. Ces formats dynamiques encouragent l'engagement des utilisateurs et favorisent une interaction plus profonde avec la marque, ce qui peut se traduire par une meilleure mémorisation de la marque et une conversion accrue.

Accessibilité et Disponibilité.

Les smartphones sont omniprésents et offrent une connectivité constante, permettant aux annonceurs de toucher les clients à tout moment et en tout lieu. Cette accessibilité accrue permet aux marques de rester en contact avec leurs clients tout au long de leur parcours d'achat, de la sensibilisation initiale à la conversion finale.

Conclusion.

En conclusion, le marketing mobile est devenu un élément essentiel de toute stratégie marketing moderne, offrant aux annonceurs un moyen efficace de toucher les clients dans un monde de plus en plus connecté. En s'adaptant aux comportements des consommateurs et en capitalisant sur les possibilités offertes par les appareils mobiles, les marques peuvent maximiser leur visibilité, leur engagement et leur impact sur leur public cible.

Introduction à la visibilité numérique

Maximiser votre Présence en Ligne grâce au Référencement Naturel (SEO).

Dans le monde du marketing digital, le référencement naturel (SEO = Search Engine Optimization) est un pilier essentiel pour assurer la visibilité et le succès de votre entreprise en ligne. En effet, le SEO permet à votre entreprise de figurer en tête des résultats de recherche sur des plateformes telles que Google, là où la majorité des utilisateurs concentrent leur attention.

Les habitudes des internautes sont révélatrices : la plupart ne cherchent pas au-delà de la première page des résultats de recherche. En effet, 93% des utilisateurs restent sur la 1ère page Google. Ainsi, si votre entreprise n'apparaît pas dans ces premiers résultats, vous risquez de passer inaperçu auprès d'une large partie de votre public cible. C'est pourquoi le référencement naturel revêt une importance capitale, car il garantit que votre entreprise soit positionnée de manière stratégique pour être découverte par les utilisateurs lorsqu'ils effectuent des recherches en ligne.

Cependant, le SEO ne se limite pas simplement à une question de visibilité. Être bien classé sur Google peut également renforcer la crédibilité et la légitimité de votre entreprise dans l'esprit des consommateurs. En apparaissant en haut des résultats de recherche, vous établissez votre autorité dans votre domaine et vous démarquez de la concurrence, ce qui peut conduire à une augmentation de la confiance des utilisateurs et à une meilleure perception de votre marque.

En outre, un bon classement dans les résultats de recherche peut générer un flux continu de trafic vers votre site web, offrant ainsi une opportunité précieuse de convertir les visiteurs en clients potentiels. En capitalisant sur le SEO pour améliorer la visibilité de votre entreprise en ligne, vous créez un terrain propice à la croissance et au succès à long terme.

Dans cette optique, cette série sur la visibilité numérique explorera en détail les stratégies et les meilleures pratiques du référencement naturel, ainsi que d'autres aspects essentiels pour maximiser la présence en ligne de votre entreprise. En comprenant et en mettant en œuvre ces techniques, vous serez en mesure de tirer pleinement parti du potentiel du marketing digital pour atteindre vos objectifs commerciaux et assurer la prospérité de votre entreprise dans l'ère numérique.

L'importance du TOP référencement.

Le comportement des utilisateurs est clair : ils ont tendance à cliquer sur les premiers liens proposés par les moteurs de recherche, estimant généralement que ces résultats sont les plus pertinents et les plus fiables en réponse à leurs requêtes. Par conséquent, si votre entreprise n'apparaît pas dans les premiers résultats de recherche, vous risquez de passer inaperçu auprès de la grande majorité des utilisateurs en ligne, ce qui peut entraîner une perte significative d'opportunités commerciales.

L'image ci-dessous illustre l'emplacement où la majorité des utilisateurs cliquent sur le moteur de recherche Google. On constate clairement que seuls les six premiers résultats sont principalement cliqués.

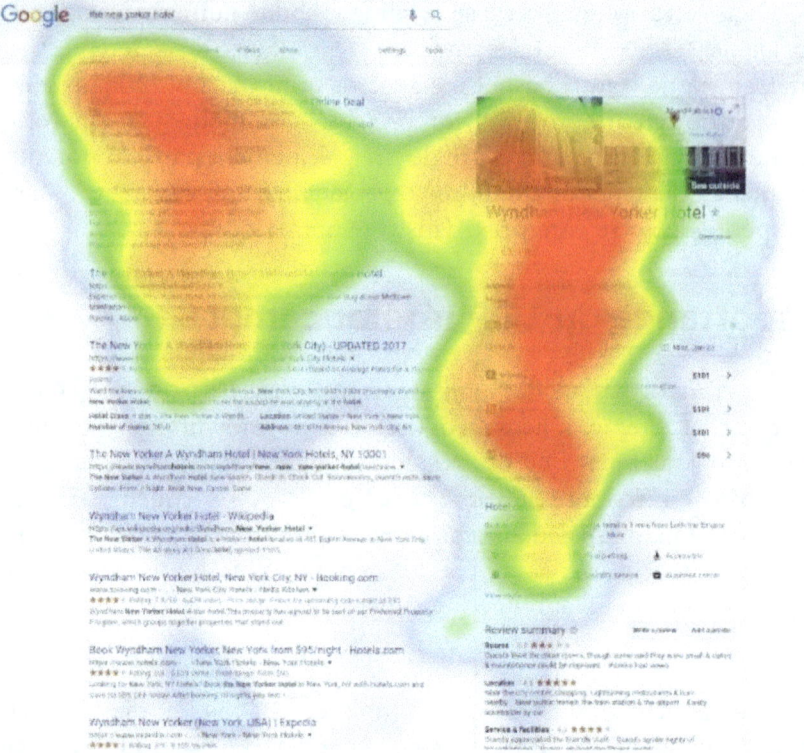

Pour cette raison, investir dans des stratégies de référencement efficaces est essentiel pour garantir que votre entreprise soit positionnée de manière optimale pour être découverte par les utilisateurs lorsqu'ils effectuent des recherches en ligne. En améliorant votre classement dans les résultats de recherche, vous augmentez vos chances d'attirer un trafic qualifié vers votre site web, ce qui peut se traduire par une augmentation des conversions, des ventes et de la croissance globale de votre entreprise.

En résumé, la capacité à être visible en ligne est étroitement liée à votre positionnement dans les résultats de recherche. En s'efforçant d'atteindre les premières positions sur Google et d'autres moteurs de recherche, vous maximisez les opportunités d'engager votre public cible, de renforcer votre présence en ligne et de stimuler la réussite de votre entreprise dans l'environnement numérique actuel.

Les Fondements du Référencement Optimal.

Dans le monde numérique d'aujourd'hui, le référencement est une pièce maîtresse incontestée pour assurer la visibilité et la réussite en ligne d'une entreprise. Ce chapitre explore en profondeur les principaux éléments qui composent un référencement optimal, essentiel pour améliorer le positionnement d'un site web sur les moteurs de recherche, en se concentrant particulièrement sur Google.

1. Un Site Web de Qualité : Fondation d'une Stratégie de Référencement.

Un site web bien conçu est la pierre angulaire de toute stratégie de référencement réussie. Il doit être esthétiquement agréable, facile à naviguer et compatible avec les appareils mobiles, afin d'offrir une expérience utilisateur optimale.

2. Contenu de Qualité : Le Carburant du Référencement.

Le contenu de qualité est essentiel pour attirer l'attention des moteurs de recherche et des utilisateurs. Un contenu pertinent, informatif, bien structuré et régulièrement mis à jour joue un rôle crucial dans le classement d'un site web dans les résultats de recherche.

3. Backlinks de Qualité : La Crédibilité à travers les Liens.

Les backlinks provenant de sites web de qualité renforcent l'autorité et la crédibilité de votre site aux yeux des moteurs de recherche. Une stratégie de construction de liens efficace est donc essentielle pour améliorer le positionnement de votre site dans les résultats de recherche.

4. Mots-Clés Pertinents : Guider les Utilisateurs vers votre Contenu.

L'utilisation stratégique de mots-clés pertinents dans le contenu, les balises et les métadonnées permet d'attirer du trafic organique à partir des recherches des utilisateurs. Une recherche approfondie des mots-clés est nécessaire pour cibler efficacement votre public et améliorer votre classement dans les résultats de recherche.

5. Optimisation des Images : Renforcer la Visibilité Visuelle.

L'optimisation des images avec des descriptions et des balises alt pertinentes améliore la visibilité dans les résultats de recherche d'images, ce qui peut contribuer à augmenter le trafic vers votre site web.

6. Vitesse de Chargement du Site : L'Importance de l'Instantanéité.

Un site web rapide est essentiel pour offrir une bonne expérience utilisateur et peut avoir un impact significatif sur le classement dans les résultats de recherche. Des techniques d'optimisation de la vitesse de chargement sont donc nécessaires pour maintenir la performance de votre site.

7. Présence sur les Réseaux Sociaux : Connecter et Engager.

Des profils de réseaux sociaux actifs et liés à votre site web renforcent la présence en ligne de votre entreprise, favorisent l'engagement avec votre public et peuvent générer du trafic et des backlinks supplémentaires.

8. Analyse des Visiteurs : Guider les Décisions avec des Données.

L'utilisation d'outils d'analyse web permet de suivre et de comprendre le comportement des visiteurs, les sources de trafic et d'autres métriques importantes, afin d'ajuster et d'améliorer continuellement votre stratégie de référencement.

En combinant ces éléments de manière cohérente et stratégique, vous pouvez développer une stratégie de référencement efficace pour améliorer le positionnement de votre site web sur Google et d'autres moteurs de recherche, ce qui peut se traduire par une augmentation du trafic, des conversions et de la notoriété de votre marque en ligne.

La Page Google : Une Analyse de ses Trois Composantes Essentielles.

Dans l'écosystème numérique actuel, la page de résultats de recherche Google est divisée en trois sections distinctes, chacune jouant un rôle crucial dans la visibilité et la réussite en ligne d'une entreprise. Ce chapitre explore en détail ces trois composantes clés de la page Google et leur impact sur la stratégie de marketing digital.

1. Annonces Payantes (SEA) : Capturer l'Attention Instantanée.

La partie supérieure gauche de la page Google est réservée aux annonces payantes, également connues sous le nom de Search Engine Advertising (SEA) ou publicité pay-per-click (PPC). Ces annonces offrent aux annonceurs une visibilité instantanée en échange d'un paiement chaque fois qu'un utilisateur clique sur l'annonce. Cette section est caractérisée par son placement en haut de la page et son libellé distinctif "Annonce".

Les annonces payantes sont une stratégie efficace pour générer rapidement du trafic qualifié vers votre site web, en ciblant spécifiquement les utilisateurs recherchant des produits ou services similaires aux vôtres. Elles offrent une flexibilité et un contrôle complets sur les budgets publicitaires et les paramètres de ciblage, ce qui en fait un outil puissant pour accroître la visibilité et les conversions. Google propose dans son interface Google Ads un système d'enchères sur mots-clés.

2. Référencement Naturel (SEO) : Gagner en Pertinence et en Autorité.

Juste en dessous des annonces payantes se trouve la section du référencement naturel (SEO), qui comprend les résultats de recherche organiques. Le référencement naturel est le processus d'optimisation de votre site web et de son contenu afin d'améliorer son classement dans les résultats de recherche non payants. Cette section est le résultat de l'algorithme de Google qui classe les sites en fonction de leur pertinence et de leur autorité dans un domaine particulier.

Être bien classé dans les résultats de recherche organiques est essentiel pour attirer du trafic qualifié et générer des prospects et des ventes de manière durable. Les sites bien optimisés pour le référencement naturel bénéficient d'une visibilité accrue, d'une crédibilité renforcée et d'un trafic constant provenant de recherches organiques.

3. Google My Business (GMB) : Maîtriser votre Présence Locale.

Sur le côté droit de la page Google se trouve la section Google My Business (GMB), qui affiche des informations pertinentes sur les entreprises locales. Les fiches Google My Business comprennent des détails tels que l'adresse, les horaires d'ouverture, les avis clients et les photos, offrant aux utilisateurs une vue d'ensemble rapide et pratique des entreprises à proximité, ainsi que les moyens de s'y rendre ou de les contacter.

Pour les entreprises locales, la gestion efficace de leur fiche Google My Business est essentielle pour renforcer leur présence en ligne et attirer des clients locaux. Une fiche Google My Business optimisée peut contribuer à améliorer la visibilité dans les recherches locales, à accroître la confiance des clients et à stimuler les interactions en ligne et hors ligne.

En comprenant et en tirant parti de ces trois composantes essentielles de la page Google, les entreprises peuvent développer une stratégie de marketing digital efficace pour maximiser leur visibilité en ligne, attirer du trafic qualifié et stimuler la croissance de leur entreprise dans l'ère numérique actuelle.

Recherchez votre activité.

Évaluer Votre Visibilité en Ligne : L'Importance de l'État de Votre Référencement.

Lorsqu'il s'agit de mesurer l'efficacité de votre stratégie de référencement, il est crucial d'évaluer la visibilité de votre entreprise dans les résultats de recherche Google. Cette analyse vous permet de déterminer si votre entreprise apparaît sur la première page de Google, le nombre de positions qu'elle occupe et la quantité de liens qui dirigent vers votre site web. Voici pourquoi cette évaluation est si essentielle :

Apparaître sur la Première Page : L'Objectif Premier du Référencement.

La première page de Google est l'emplacement privilégié pour capter l'attention des utilisateurs et générer du trafic vers votre site web. Si votre entreprise n'apparaît pas sur cette première page, vous risquez de manquer une grande partie de votre public cible, car la plupart des utilisateurs ne consultent pas les pages suivantes des résultats de recherche.

Nombre de Places Occupées : Indicateur de Performance du Référencement.

Le nombre de positions occupées par votre entreprise sur la première page de Google est un indicateur clé de la performance de votre stratégie de référencement. Plus votre entreprise occupe de places dans les résultats de recherche, plus elle bénéficie d'une visibilité accrue et de chances supplémentaires d'attirer du trafic qualifié.

Liens Dirigeant vers Votre Entreprise : Mesure de l'Autorité et de la Pertinence.

Le nombre de liens qui dirigent vers votre site web est un autre indicateur important de l'autorité et de la pertinence de votre entreprise dans votre domaine d'activité. Des liens de qualité provenant de sites web pertinents renforcent la crédibilité de votre entreprise aux yeux des moteurs de recherche, ce qui peut contribuer à améliorer son classement dans les résultats de recherche.

Conclusion.

En évaluant régulièrement l'état de votre référencement et en analysant votre positionnement sur Google, vous pouvez identifier les points forts et les faiblesses de votre stratégie de référencement, et prendre des mesures correctives pour améliorer votre visibilité en ligne. En optimisant votre présence sur les moteurs de recherche, vous augmentez vos chances d'attirer du trafic qualifié, de générer des leads et de stimuler la croissance de votre entreprise dans l'environnement numérique compétitif d'aujourd'hui. Je recommande de réaliser cette recherche en mode navigation privée car sinon, les résultats peuvent être biaisés car Google se souvient de vos recherches précédentes.

Importance d'un site web responsive.

L'Essentiel d'un Site Web Responsive : Garantir une Expérience Optimale sur Tous les Appareils

Dans le paysage numérique actuel, l'importance d'un site web responsive ne peut être sous-estimée. Cette section met en lumière les raisons pour lesquelles un site web responsive est indispensable pour assurer une expérience utilisateur optimale sur tous les appareils, en mettant en avant les tendances actuelles en matière de recherche en ligne.

Adaptabilité aux Tendances de Recherche : La Prédominance des Appareils Mobiles.

Plus de la moitié des recherches en ligne sont désormais effectuées à partir de smartphones et de tablettes. Les utilisateurs recherchent des informations, des produits et des services en déplacement, ce qui souligne l'importance cruciale d'un site web qui s'adapte à tous les types d'appareils.

Expérience Utilisateur Optimale : La Clé de la Satisfaction Client.

Un site web responsive est conçu pour s'ajuster automatiquement à la taille de l'écran sur lequel il est consulté. Cela garantit une expérience utilisateur fluide et cohérente, quel que soit l'appareil utilisé. Les utilisateurs peuvent ainsi naviguer facilement, lire le contenu et effectuer des actions sans rencontrer de difficultés liées à la taille de l'écran.

Si un site web n'est pas optimisé pour la navigation mobile, il risque de perdre des utilisateurs. Les visiteurs sont de plus en plus exigeants en matière d'expérience utilisateur et s'attendent à pouvoir accéder facilement au contenu, naviguer sans problème et effectuer des actions sur leur appareil mobile. Un site non-adapté à la navigation mobile peut entraîner une frustration chez les utilisateurs et les amener à abandonner le site en faveur de concurrents offrant une meilleure expérience.

Pénalités dans les Résultats de Recherche Mobiles : Les Conséquences des Sites Non-Responsive.

Les moteurs de recherche, notamment Google, accordent une importance croissante à la convivialité mobile lors du classement des sites web dans les résultats de recherche. Les sites web non-responsive risquent d'être pénalisés et de perdre en visibilité dans les résultats de recherche mobiles, ce qui peut avoir un impact négatif sur leur trafic et leur présence en ligne.

En conclusion, un site web responsive est désormais un impératif pour toute entreprise cherchant à prospérer dans l'environnement numérique d'aujourd'hui. En offrant une expérience utilisateur optimale sur tous les appareils, un site web responsive permet de répondre aux attentes des utilisateurs, de maximiser la visibilité en ligne et de garantir la compétitivité dans un marché en constante évolution.

Cohérence globale.

L'Importance de la Cohérence Graphique Globale.

La cohérence graphique sur tous les supports est un élément essentiel pour renforcer l'image de marque et établir une identité visuelle forte. Cette section explore l'importance de maintenir une unité graphique globale, en mettant en avant les avantages d'une identité visuelle unifiée sur tous les canaux de communication.

1. Une Identité Visuelle Forte et Unifiée.

Une cohérence graphique sur tous les supports renforce votre image de marque en permettant aux clients de vous identifier rapidement, quel que soit le canal de communication utilisé. Des éléments visuels tels que les couleurs, les polices, les logos et les images doivent être uniformes sur tous les supports, créant ainsi une identité visuelle forte et mémorable.

Il est crucial que l'image de l'entreprise soit uniformément représentée à travers tous ses supports de communication, tels que le site web, les cartes de visite, les flyers, le papier à en-tête, les véhicules, les enseignes, les newsletters, la publicité, la signalétique, et autres. En d'autres termes, cela englobe tous les canaux de communication utilisés par votre entreprise.

2. Crédibilité et Professionnalisme

Une identité visuelle cohérente inspire confiance et professionnalisme auprès des clients potentiels. Lorsque les éléments graphiques sont uniformes sur tous les supports, cela témoigne d'une attention aux détails et d'un engagement envers la qualité, ce qui renforce la crédibilité de votre entreprise.

3. Un Message Clair et Uniforme.

Une cohérence graphique garantit également une communication claire et uniforme avec votre public cible. Lorsque les éléments visuels sont cohérents, votre message est transmis de manière plus efficace, ce qui facilite la compréhension et la mémorisation de votre marque, de vos produits et de vos services.

4. Différenciation de la Concurrence : Une Marque Distinctive.

En maintenant une cohérence graphique sur tous les supports, vous vous démarquez de la concurrence en créant une identité visuelle distinctive et mémorable. Des éléments visuels uniques et reconnaissables permettent à votre marque de se démarquer dans l'esprit des consommateurs, favorisant ainsi la fidélisation et la préférence de marque.

En conclusion, la cohérence graphique globale est un élément essentiel de toute stratégie de marque efficace. En gardant une identité visuelle uniforme sur tous les supports, vous renforcez la reconnaissance de marque, inspirez confiance et professionnalisme, communiquez de manière claire et uniforme, et vous différenciez de la concurrence. En investissant dans une cohérence graphique globale, vous établissez une base solide pour le succès à long terme de votre entreprise dans un marché concurrentiel.

Google My Business.

L'Essentiel de Google My Business : Optimiser votre Présence Locale.

Google My Business offre une plateforme puissante et gratuite pour promouvoir votre entreprise localement. Cette section met en lumière l'importance de cette inscription en soulignant ses avantages pour votre visibilité en ligne et votre réputation.

1. Affichage d'Informations Essentielles : Maximiser la Visibilité.

Google My Business permet d'afficher des informations cruciales sur votre entreprise, telles que votre adresse, vos horaires d'ouverture, votre numéro de téléphone et même des photos de votre établissement. Ces détails apparaissent directement dans les résultats de recherche Google, offrant une visibilité instantanée à votre entreprise pour les utilisateurs locaux.

2. Influence sur les Résultats de Recherche Locale : Maximiser l'Opportunité.

Les entreprises disposant de fiches Google My Business complètes et précises ont plus de chances d'apparaître dans les résultats de recherche locale. En optimisant votre fiche avec des informations détaillées et à jour, vous augmentez vos chances d'être découvert par les utilisateurs à la recherche de produits ou services dans votre région.

3. Impact des Avis Clients : Renforcer votre Réputation en Ligne.

Les avis clients sur Google My Business peuvent avoir un impact significatif sur la réputation en ligne de votre entreprise. Les avis positifs renforcent la confiance des clients potentiels, tandis que les avis négatifs peuvent nuire à votre réputation. En encourageant les clients satisfaits à laisser des avis positifs et en répondant de manière professionnelle aux avis négatifs, vous pouvez renforcer la crédibilité de votre entreprise et fidéliser votre clientèle.

Il est primordial de réagir rapidement à tous les avis, qu'ils soient positifs ou négatifs. Vos clients ont pris le temps de vous fournir un retour d'expérience, il est donc approprié de leur accorder également un peu de votre temps en retour pour y répondre. Les réponses aux avis peuvent être données directement dans l'interface de Google My Business.

Maximiser l'Impact de Google My Business pour Votre Établissement.

Google My Business offre une plateforme précieuse pour promouvoir votre établissement localement. Cette section met en avant l'importance de créer et de compléter correctement votre fiche d'établissement, en soulignant les éléments clés à prendre en compte pour maximiser son efficacité.

Vous avez la possibilité de gérer un ou plusieurs établissements à partir d'un seul compte Google My Business.

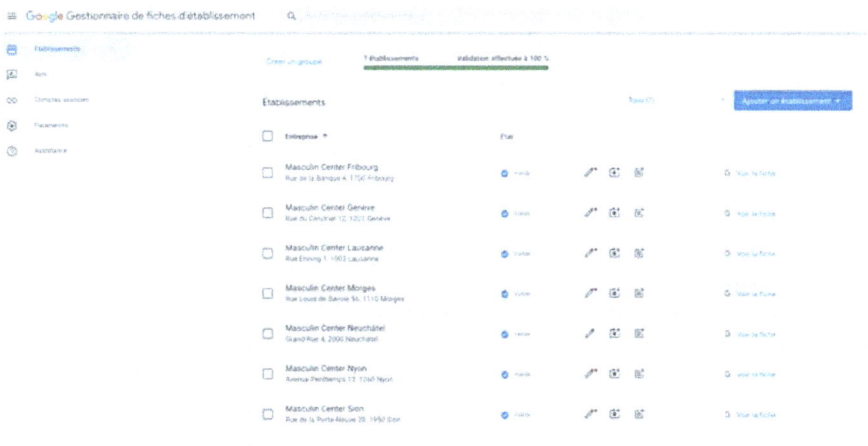

1. Exactitude des Informations : La Clé de la Confiance Client.

Assurez-vous que toutes les informations sur votre fiche d'établissement sont correctes et à jour. Cela inclut le bon numéro de téléphone, l'adresse exacte et les horaires d'ouverture précis. Des informations précises renforcent la confiance des clients et les incitent à vous contacter ou à vous rendre visite.

2. Photos et Articles : Renforcer l'Attrait Visuel.

Publier des photos de qualité et des articles pertinents sur votre fiche d'établissement est essentiel pour améliorer son référencement et attirer l'attention des clients potentiels. Des photos attrayantes de votre établissement, de vos produits ou de vos services contribuent à renforcer votre image de marque et à susciter l'intérêt des utilisateurs.

3. Vérification des Liens : Assurer une Connexion Cohérente.

Vérifiez que le lien vers votre site web depuis votre fiche d'établissement est correct et fonctionne correctement. Un lien erroné peut entraîner une expérience utilisateur négative et réduire le trafic vers votre site web. Assurez-vous que le lien mène directement vers la page pertinente de votre site, renforçant ainsi l'engagement des utilisateurs et facilitant leur conversion.

En conclusion, la création et l'optimisation de votre fiche d'établissement sur Google My Business sont essentielles pour maximiser votre visibilité locale et renforcer votre présence en ligne. En veillant à ce que toutes les informations soient exactes, en publiant du contenu visuel attrayant et en vérifiant les liens vers votre site web, vous pouvez améliorer votre référencement, attirer davantage de clients et stimuler la croissance de votre établissement dans votre communauté locale. Google My Business est une ressource précieuse pour toute entreprise cherchant à accroître sa visibilité locale et à renforcer sa réputation en ligne. En optimisant votre fiche et en encourageant les avis clients positifs, vous pouvez maximiser les opportunités de croissance et de succès dans votre marché local. En investissant dans Google My Business, vous mettez en place les fondations d'une présence en ligne solide et durable pour votre entreprise.

> Pour créer ou mettre à jour les informations de votre entreprise, il vous suffit de rechercher "Google My Business" dans la barre de recherche Google. Ensuite, vous pouvez vous connecter à votre compte GMB ou en créer un nouveau. Google peut vérifier la véracité des informations avant de les publier, ce qui peut être

effectué de différentes manières. Par exemple, Google peut envoyer une carte à votre adresse ou demander une photo de votre devanture.

Web to store.

Être visible est différent qu'être présent !

Du Web au Magasin : Aller au-Delà de la Présence en Ligne.

Le concept de Web-to-Store met en lumière la transition des interactions numériques vers des visites physiques en magasin ou dans votre entreprise. Cette section explore la différence entre la simple présence en ligne et la visibilité effective, soulignant l'importance du travail supplémentaire nécessaire pour permettre aux clients potentiels de vous trouver.

Présence en Ligne vs Visibilité : Le Premier Pas.

La simple présence en ligne est le point de départ, mais elle ne garantit pas la visibilité. Être présent sur internet signifie que votre entreprise a une existence numérique, mais cela ne suffit pas à attirer les clients potentiels. La visibilité réelle implique que votre entreprise soit facilement trouvée par ceux qui recherchent vos produits ou services.

Le Travail Supplémentaire Requis : SEO, SEA, et Plus Encore.

Pour être visible en ligne, un travail supplémentaire est nécessaire. Cela implique des efforts dans des domaines tels que le référencement naturel (SEO) pour améliorer votre classement dans les résultats de recherche organiques, et la publicité payante (SEA) pour apparaître dans les annonces sponsorisées. En outre, d'autres stratégies telles que le marketing sur les réseaux sociaux, la création de contenu de qualité et la gestion des avis clients contribuent également à accroître la visibilité en ligne.

Créer une Expérience Omnicanale : L'Intégration du Numérique et du Physique.

Une approche omnicanale intégrée est essentielle pour maximiser la visibilité et encourager les visites en magasin. Cela implique de fournir des informations cohérentes et précises sur tous les canaux, de créer des incitations pour inciter les clients à visiter le magasin après avoir interagi en ligne, et de faciliter le parcours du client entre le monde numérique et physique.

En conclusion, être présent sur internet est seulement le début de votre voyage vers la visibilité. Pour que les clients potentiels vous trouvent réellement, un travail supplémentaire est nécessaire pour optimiser votre présence en ligne et créer une expérience omnicanale cohérente. En investissant dans des stratégies telles que le SEO, le SEA et une approche omnicanale intégrée, vous pouvez maximiser votre visibilité et encourager les visites en magasin, augmentant ainsi vos chances de succès dans l'écosystème du Web-to-Store.

Maximiser l'Analyse des Performances par Google : Optimiser votre Présence en Ligne.

Google offre des outils puissants pour analyser les performances de votre site web, fournissant des informations précieuses sur la façon dont les internautes vous trouvent en ligne. Cette section met en lumière l'importance de ces communications de Google, en mettant en avant les insights clés qu'elles fournissent et leur impact sur l'optimisation de votre présence en ligne.

Récapitulatif des Performances du Site Web : Comprendre le Trafic.

Google fournit un récapitulatif détaillé des performances de votre site web, y compris le nombre d'impressions, de clics et le comportement des utilisateurs. Ces informations vous permettent de comprendre comment les utilisateurs interagissent avec votre site, quels contenus sont les plus populaires et comment vous pouvez améliorer l'expérience utilisateur pour augmenter l'engagement.

Origine du Trafic : Identifier les Sources.

Grâce aux communications de Google, vous pouvez savoir comment les internautes vous trouvent en ligne. Que ce soit par le biais de recherches organiques, de campagnes publicitaires payantes, de références provenant d'autres sites web ou de trafic direct, ces insights vous aident à identifier les sources les plus efficaces pour attirer du trafic vers votre site.

Analyse des Requêtes : Comprendre les Intentions de Recherche.

Google analyse également les requêtes de recherche les plus populaires et les plus performantes qui ont conduit les utilisateurs à votre site web. Comprendre ces requêtes vous permet de mieux comprendre les intentions de recherche de votre public cible, de créer du contenu pertinent et de vous positionner de manière plus efficace dans les résultats de recherche.

En conclusion, les communications de Google fournissent des insights précieux sur les performances de votre site web, vous permettant de comprendre comment les utilisateurs vous trouvent en ligne et comment vous pouvez optimiser votre présence pour maximiser l'engagement et les conversions. En analysant ces données de manière proactive et en ajustant votre stratégie en conséquence, vous pouvez renforcer votre positionnement en ligne et atteindre vos objectifs commerciaux avec succès.

Pour analyser le comportement des utilisateurs sur votre site web, vous devez créer un compte Google Analytics. Ensuite, suivez les étapes pour lier votre site web à votre compte Google Analytics en utilisant le code fourni par Google. Une fois installé, toutes les visites seront suivies, ce qui vous permettra de comprendre les sources de trafic sur votre site web.

Maximiser la Visibilité avec le Référencement Naturel (SEO).

Le référencement naturel (SEO) est un pilier essentiel de toute stratégie de marketing digital, permettant d'améliorer la visibilité et le classement d'un site web dans les résultats de recherche organiques. Cette section explore l'importance du SEO, ainsi que les techniques clés pour optimiser votre présence en ligne de manière efficace.

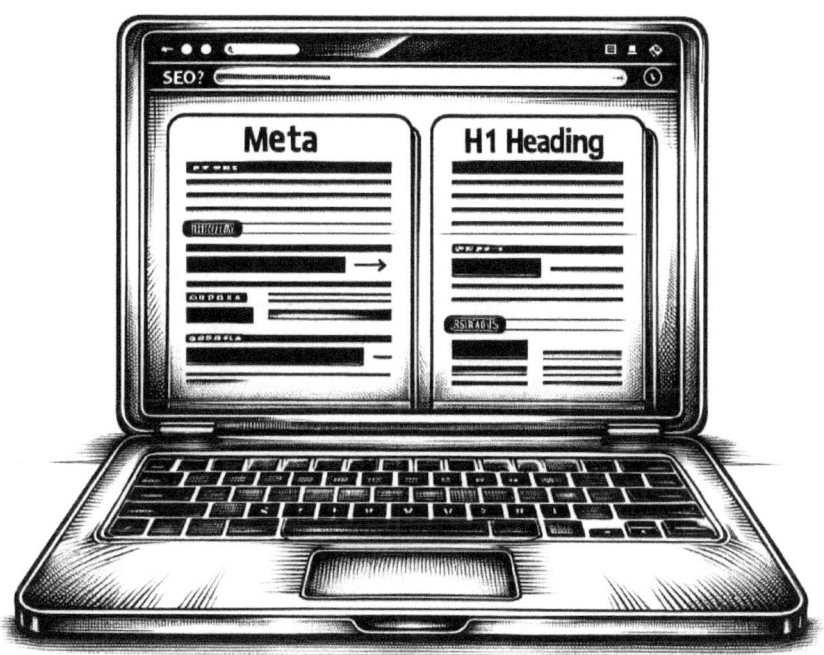

Optimisation du Contenu et des Balises Méta : Structurer pour la Compréhension.

Les techniques de SEO comprennent l'optimisation du contenu, des balises méta et des balises d'en-tête. Les balises méta, notamment la description, jouent un rôle crucial car elles sont reprises dans les résultats de recherche Google, influençant le taux de clics des utilisateurs. Les balises d'en-tête, comme les H1 et H2, servent à structurer le contenu pour que Google puisse le comprendre plus facilement, en lisant le site comme un livre. Les titres (H1) doivent être choisis soigneusement pour refléter le contenu de manière pertinente et compréhensible pour les moteurs de recherche.

Chaque titre H1 et sous-titre H2 doit contenir des mots significatifs qui aident Google à comprendre précisément le contenu de la page. Des titres tels que "Bienvenue", "Nos services", "Nous contacter", "Notre équipe" sont considérés comme faibles car ils n'offrent aucune valeur à Google pour le référencement de votre site web. Il est donc essentiel d'utiliser des mots pertinents qui aideront Google à mieux indexer votre site web. En fait, Google peut même déclasser le site en raison de titres et de descriptions meta mal conçus. Le travail sur le SEO est donc essentiel afin d'assurer une situation idéale pour le référencement de votre site web.

En fournissant à Google des descriptions précises, des titres et sous-titres pertinents, ainsi qu'une table des matières claire, vous aidez Google à parcourir votre site web comme un livre. Cela contribue à améliorer votre référencement naturel et à mieux vous positionner dans les résultats de recherche.

> Pour obtenir une meilleure compréhension de votre indexation sur Google, vous avez la possibilité de créer un compte sur Google Search Console. Google vous fournira des informations sur la manière dont vos pages sont indexées sur le moteur de recherche, ainsi que sur les performances des requêtes associées à votre site.

Obtention de Backlinks de Qualité : Renforcer l'Autorité.

Le SEO ne se limite pas à l'optimisation interne du site web, mais implique également l'obtention de backlinks de qualité à partir de sites web pertinents. Les backlinks sont des liens provenant d'autres sites web pointant vers le vôtre, ce qui renforce l'autorité de votre site aux yeux des moteurs de recherche et améliore son classement dans les résultats de recherche.

Cependant, il est crucial de faire attention à ne pas inclure des backlinks de mauvaise qualité, car cela peut compromettre la réputation de votre site web et entraîner un déclassement dans les résultats de recherche de Google.

Vision à Long Terme : Patience et Rentabilité.

Le SEO est une pratique à long terme et les résultats peuvent prendre du temps à se manifester, mais ils peuvent être très rentables à long terme. En investissant dans une stratégie de SEO solide, vous positionnez votre site web pour un succès durable, attirant un trafic qualifié et augmentant la visibilité de votre marque auprès des utilisateurs.

En conclusion, le référencement naturel (SEO) est un élément clé pour améliorer la visibilité et la pertinence de votre site web dans les résultats de recherche organiques. En optimisant le contenu, les balises méta et les balises d'en-tête, en obtenant des backlinks de qualité et en adoptant une vision à long terme, vous pouvez renforcer votre présence en ligne et atteindre vos objectifs commerciaux avec succès.

Blogging : Renforcez Votre Présence en Ligne.

Le blogging est un outil puissant pour accroître la visibilité de votre entreprise en ligne, renforcer votre autorité dans votre domaine et engager votre public cible. Voici quelques façons dont le blogging peut bénéficier à votre stratégie marketing :

1. Augmentation du Trafic Web :

Les blogs peuvent générer du trafic vers votre site web en fournissant un contenu pertinent et attractif pour votre public cible. Les articles de blog bien optimisés pour le référencement (SEO) peuvent attirer les utilisateurs via les moteurs de recherche et augmenter la visibilité de votre site.

2. Optimisation pour le SEO :

Les blogs offrent une opportunité de cibler des mots-clés pertinents pour votre entreprise, ce qui peut améliorer votre classement dans les résultats de recherche organique. En optimisant vos articles de blog pour le SEO, vous augmentez les chances d'être trouvé par les utilisateurs recherchant des informations liées à votre domaine.

3. Fourniture d'Informations Pertinentes :

Les blogs permettent de partager des informations utiles et pertinentes avec votre audience. En fournissant des réponses aux questions fréquemment posées, des conseils pratiques, des tutoriels et des analyses approfondies, vous renforcez la confiance et l'engagement de votre public.

4. Établissement de l'Expertise :

En publiant régulièrement des articles de blog de haute qualité sur des sujets liés à votre secteur d'activité, vous démontrez votre expertise et votre leadership dans votre domaine. Cela renforce la crédibilité de votre entreprise et attire l'attention des clients potentiels et des partenaires commerciaux.

5. Engagement de la Communauté :

Les blogs offrent une plateforme interactive où les lecteurs peuvent commenter, poser des questions et partager leurs opinions. En encourageant l'interaction et la participation, vous créez une communauté engagée autour de votre marque et de vos valeurs.

6. Partage sur les Réseaux Sociaux :

Les articles de blog peuvent être facilement partagés sur les réseaux sociaux, ce qui élargit votre portée et augmente la visibilité de votre contenu. En encourageant le partage social, vous atteignez de nouveaux publics et renforcez votre présence sur les plateformes sociales.

7. Génération de Leads :

Les blogs peuvent jouer un rôle important dans la génération de leads en intégrant des formulaires d'inscription, des appels à l'action (CTA) et des offres spéciales dans vos articles. En capturant les coordonnées des visiteurs intéressés, vous créez des opportunités de conversion et de fidélisation.

En résumé, le blogging est un élément essentiel de toute stratégie de marketing de contenu, offrant de nombreux avantages pour accroître la visibilité, l'engagement et l'autorité de votre entreprise en ligne. En publiant régulièrement du contenu de qualité et en optimisant vos articles pour le SEO, vous pouvez atteindre vos objectifs marketing et stimuler la croissance de votre entreprise.

Tirer Parti du Référencement Payant (SEA) pour des Résultats Rapides.

Le référencement payant (SEA = Search Engine Advertising) offre une solution rapide et efficace pour accroître la visibilité de votre entreprise dans les résultats de recherche Google. Cette section explore l'importance du SEA, ainsi que les mécanismes clés qui sous-tendent cette stratégie publicitaire payante.

Obtention Rapide de Résultats : Rapidité d'Action.

Le référencement payant (SEA) permet d'obtenir rapidement des résultats tangibles dans les résultats de recherche Google. En plaçant des annonces ciblées en haut des résultats de recherche, les entreprises peuvent générer du trafic qualifié vers leur site web et augmenter leur visibilité en ligne de manière significative.

Paiement au Clic : Rentabilité et Contrôle.

Les campagnes SEA fonctionnent sur un modèle de paiement au clic (*pay per click*), ce qui signifie que les annonceurs ne paient que lorsque les utilisateurs cliquent sur leurs annonces. Cela garantit une utilisation efficace du budget publicitaire, car les entreprises ne paient que pour le trafic réellement dirigé vers leur site web.

Enchères et Positionnement : Stratégie de Mise en Avant.

Google utilise un système d'enchères pour déterminer le positionnement des annonces dans les résultats de recherche payants. Les annonceurs définissent un montant maximal qu'ils sont prêts à payer pour un clic sur leur annonce, et Google utilise ce montant ainsi que d'autres facteurs tels que la qualité de l'annonce et la pertinence de la page de destination pour déterminer le positionnement de l'annonce.

Surveillance et Optimisation : Maximiser le Retour sur Investissement.

Les campagnes SEA nécessitent une surveillance et une optimisation régulières pour maximiser le retour sur investissement. En analysant les performances des annonces, en ajustant les enchères et en testant différents éléments créatifs, les annonceurs peuvent améliorer la rentabilité de leurs campagnes et atteindre leurs objectifs marketing avec succès.

Analyse des conversions

Pour les sites de commerce électronique (boutiques en ligne), il est envisageable de mettre en place des analyses de conversion afin d'évaluer précisément le ROI (retour sur investissement). Vous pouvez installer une balise GTM (Google Tag Manager) pour permettre à Google de suivre chaque événement, tels que la visite de la page produit, l'ajout au panier, l'achat et le paiement.

En conclusion, le référencement payant (SEA) offre une solution efficace pour accroître rapidement la visibilité de votre entreprise dans les résultats de recherche Google. En comprenant les mécanismes clés du SEA, en mettant en place des stratégies d'enchères efficaces et en optimisant régulièrement vos campagnes, vous pouvez maximiser le retour sur investissement de votre budget publicitaire et atteindre vos objectifs commerciaux avec succès.

> Pour créer un compte Google Ads et diffuser des publicités, il vous suffit de rechercher "Google Ads" dans la barre de recherche. Ensuite, vous pouvez créer un compte puis une ou plusieurs campagnes publicitaires avec des annonces, en spécifiant les mots-clés de recherche sur lesquels vous souhaitez que vos annonces apparaissent. De plus, il est nécessaire de définir un budget par clic pour chaque mot-clé et un budget quotidien pour la campagne afin de contrôler vos coûts publicitaires.

Guide des Réseaux Sociaux.

Les réseaux sociaux offrent une multitude de possibilités pour interagir avec votre public cible. Chaque plateforme a ses propres caractéristiques et avantages uniques. Voici un aperçu de certains des réseaux sociaux les plus populaires, avec leur audience et leurs spécificités.

Choisissez le Bon Canal pour Votre Audience.

Facebook.

Audience : Plus de 2,8 milliards d'utilisateurs actifs mensuels dans le monde entier. Environ 6,3 millions d'utilisateurs actifs mensuels en Suisse.

Spécificité : Plateforme polyvalente adaptée à presque tous les types d'entreprises et de publics. Offre une large gamme de formats de contenu, y compris des publications, des vidéos en direct et des publicités ciblées.

YouTube.

Audience : Plus de 2 milliards d'utilisateurs connectés mensuels. Plus de 5 millions d'utilisateurs actifs mensuels en Suisse.

Spécificité : Plateforme vidéo incontournable, idéale pour le contenu visuel et éducatif. Convient aux entreprises qui veulent partager des tutoriels, des démonstrations de produits et des histoires inspirantes.

TikTok.

Audience : Plus de 1 milliard d'utilisateurs actifs mensuels dans le monde entier. Environ 1,2 million d'utilisateurs actifs mensuels en Suisse.

Spécificité : Plateforme axée sur les vidéos courtes et créatives, populaires auprès des jeunes générations. Convient aux entreprises qui veulent créer du contenu amusant et engageant pour toucher un public plus jeune.

Pinterest.

Audience : Plus de 450 millions d'utilisateurs actifs mensuels dans le monde entier.

Spécificité : Plateforme axée sur l'inspiration visuelle, idéale pour les entreprises dans les secteurs de la mode, de la décoration intérieure, de la cuisine et du bricolage. Convient aux entreprises qui veulent promouvoir des produits ou des idées de manière créative.

LinkedIn.

Audience : Plus de 754 millions de membres dans le monde entier, principalement des professionnels et des décideurs. Plus de 2,5 millions de membres en Suisse.

Spécificité : Plateforme sociale professionnelle, idéale pour établir des connexions professionnelles, partager des connaissances et trouver des opportunités d'affaires. Convient aux entreprises B2B et aux professionnels du secteur.

Instagram.

Audience : Plus de 1.4 milliard d'utilisateurs actifs mensuels dans le monde entier. Environ 3,5 millions d'utilisateurs actifs mensuels en Suisse.

Spécificité : Plateforme axée sur le visuel, idéale pour les marques qui veulent partager du contenu visuellement attrayant, notamment des photos et des vidéos. Convient aux entreprises dans les secteurs de la mode, de la beauté, du voyage et de la nourriture.

    Chaque réseau social offre des possibilités uniques pour atteindre et engager votre public cible. En comprenant les spécificités de chaque plateforme, vous pouvez choisir les canaux qui correspondent le mieux à vos objectifs marketing et à votre audience.

L'Omniprésence des Réseaux Sociaux : Impact sur le Mode de Vie Moderne.

Dans le monde moderne, les réseaux sociaux sont devenus une composante essentielle de la vie quotidienne, influençant la manière dont les individus interagissent, communiquent et consomment de l'information. Cette section met en lumière l'omniprésence des réseaux sociaux et leur impact sur le mode de vie contemporain.

Utilisation Permanente : Toujours Connecté.

De nos jours, les utilisateurs sont constamment connectés à leurs téléphones et consultent régulièrement les réseaux sociaux. Que ce soit à l'arrêt du bus, en marchant dans la rue ou même au restaurant, les gens ont le réflexe de vérifier leurs fils d'actualité, de publier des photos et de s'engager avec leur réseau en ligne.

Nouvelles Habitudes de Consommation : Information Instantanée.

Les réseaux sociaux ont transformé la façon dont les individus consomment de l'information. Plutôt que de s'appuyer sur les médias traditionnels, les utilisateurs se tournent vers les réseaux sociaux pour obtenir des nouvelles en temps réel, des mises à jour sur les événements actuels et des opinions sur divers sujets.

Impact sur les Interactions Sociales : Connectivité Virtuelle.

Les réseaux sociaux offrent une connectivité virtuelle sans précédent, ils peuvent également avoir un impact sur les interactions sociales dans le monde réel. Certaines personnes peuvent se retrouver absorbées par leur téléphone au détriment des conversations face à face, ce qui peut entraîner une diminution de l'interaction sociale en personne.

Défis et Opportunités : Gestion de l'Utilisation.

Bien que les réseaux sociaux offrent de nombreux avantages en termes de connectivité et d'accès à l'information, ils présentent également des défis en matière de gestion du temps et de la productivité. Il est important pour les individus de trouver un équilibre sain entre leur utilisation des réseaux sociaux et leur vie quotidienne, en limitant les distractions et en se concentrant sur ce qui est réellement important.

En conclusion, l'omniprésence des réseaux sociaux dans la vie moderne a transformé la façon dont les individus interagissent, consomment de l'information et interagissent socialement. Alors que les réseaux sociaux offrent de nombreuses opportunités de connectivité et d'engagement, il est également crucial de gérer leur utilisation de manière équilibrée pour maintenir une vie épanouie et productive.

L'Approche Itérative des Réseaux Sociaux : Création, Optimisation et Mesure.

La gestion d'un réseau social est un processus continu et itératif, impliquant la création, l'optimisation, la publication, la promotion et la mesure de contenu. Cette section explore l'importance de l'itération dans la gestion des réseaux sociaux et les étapes clés de ce processus.

1. Création de Contenu : Pertinent et Engageant.

Le processus commence par la création de contenu pertinent et engageant pour votre public cible. Cela peut inclure des articles de blog, des vidéos, des images, des infographies ou des sondages. Le contenu doit être adapté aux besoins et aux intérêts de votre audience pour susciter l'engagement et l'intérêt.

2. Optimisation du Contenu : Cohérence et Qualité.

Une fois le contenu créé, il est essentiel de l'optimiser pour maximiser son impact. Cela implique d'optimiser les titres, les descriptions, les hashtags et les formats pour accroître la visibilité et l'engagement. La cohérence dans le ton, le style et la qualité du contenu est également cruciale pour renforcer la marque et fidéliser le public.

3. Publication et Promotion : Diffusion Stratégique.

Une fois le contenu optimisé, il est temps de le publier sur les plateformes sociales pertinentes. Il peut également être judicieux de promouvoir certains contenus à l'aide de publicités payantes pour accroître leur visibilité et atteindre un public plus large. La promotion ciblée peut aider à générer du trafic vers votre site web et à augmenter l'engagement avec votre marque.

4. Mesure de l'Impact : Analyse et Adaptation.

Après la publication, il est crucial de mesurer l'impact de votre contenu à l'aide d'outils d'analyse intégrés aux plateformes sociales ou d'outils tiers. Analysez les métriques telles que les impressions, l'engagement, les clics et les conversions pour évaluer l'efficacité de votre stratégie et identifier les domaines à améliorer. Sur la base de ces insights, adaptez votre approche pour optimiser les résultats.

5. Répétition du Processus : Amélioration Continue.

Enfin, le processus itératif se termine par la répétition du cycle de création, d'optimisation, de publication, de promotion et de mesure. En continuant à expérimenter, à apprendre et à s'adapter, vous pouvez affiner votre stratégie de médias sociaux et maximiser votre impact au fil du temps.

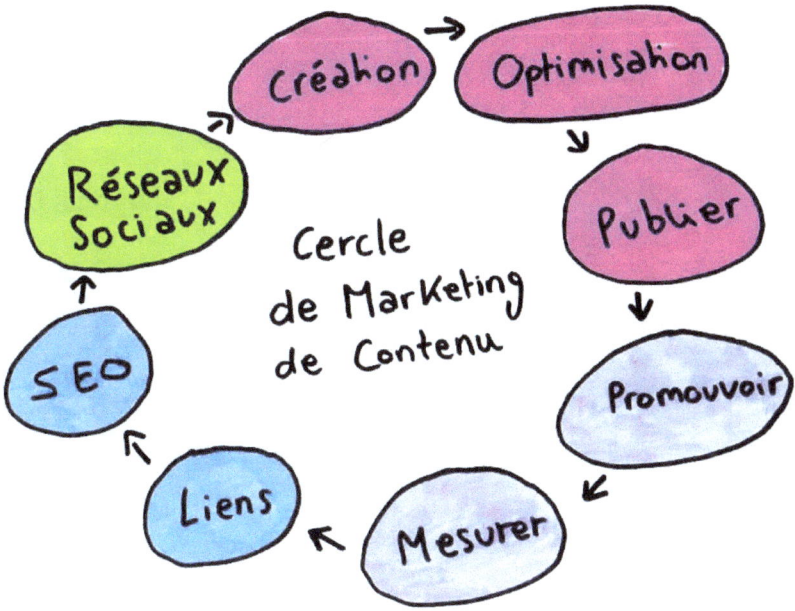

En conclusion, maintenir un réseau social efficace est un processus itératif qui nécessite une attention constante et une adaptation continue. En suivant ces étapes clés et en restant agile dans votre approche, vous pouvez créer un contenu engageant, développer votre audience et atteindre vos objectifs de marketing sur les réseaux sociaux.

Facebook

Différences entre un Profil Personnel et une Page Entreprise sur Facebook.

Il est crucial de comprendre la différence entre un profil personnel et une page entreprise sur Facebook pour une utilisation efficace de cette plateforme. Cette section clarifie les distinctions entre les deux pour éviter toute confusion et maximiser les opportunités offertes par chacun.

1. **Profil Personnel :**

Utilisation Personnelle : Un profil personnel est destiné à un usage individuel, permettant aux utilisateurs de se connecter avec des amis, de partager des photos, des statuts, et d'interagir avec du contenu.

Amis : Les profils personnels se connectent via des demandes d'amis et peuvent voir le contenu partagé par leurs amis dans leur fil d'actualité.

Limite de 5000 Amis : Les profils personnels ont une limite de 5000 amis.

Confidentialité : Les utilisateurs ont un contrôle total sur les paramètres de confidentialité de leur profil personnel, permettant de restreindre qui peut voir leur contenu.

Fonctionnalités Limitées pour les Entreprises : Les profils personnels ne sont pas conçus pour les entreprises et n'offrent pas les outils de promotion, de mesure et de gestion nécessaires pour les activités commerciales.

2. **Page Entreprise :**

Utilisation Professionnelle : Une page entreprise est conçue pour les entreprises, les marques, les personnalités publiques et les organisations pour promouvoir leurs produits, services et activités.

Abonnés : Les utilisateurs deviennent des abonnés de la page en cliquant sur "J'aime", recevant ainsi les mises à jour et le contenu publié par la page dans leur fil d'actualité.

Aucune Limite d'Abonnés : Les pages entreprise peuvent avoir un nombre illimité d'abonnés.

Outils de Promotion et de Mesure : Les pages entreprise offrent des outils de promotion payants, des analyses détaillées sur l'engagement et les performances, ainsi que la possibilité de créer des campagnes publicitaires ciblées.

Objectif Commercial : Les pages entreprise sont conçues pour soutenir les objectifs commerciaux, telles que la génération de prospects, l'augmentation de la notoriété de la marque et la vente de produits ou services.

En résumé, tandis qu'un profil personnel est destiné à un usage individuel et social, une page entreprise est spécifiquement conçue pour les entreprises et les organisations afin de promouvoir leurs activités commerciales sur Facebook. Il est essentiel de choisir le bon type de compte en fonction de vos objectifs et de votre identité en ligne.

Différence entre un Post Facebook sans Publicité et un Post Sponsorisé.

Comprendre la différence entre un post Facebook organique (sans publicité) et un post sponsorisé est crucial pour optimiser la portée et l'engagement de votre contenu sur la plateforme. Cette section met en évidence les distinctions entre les deux types de publications et explique comment chacun peut influencer la visibilité de votre message.

1. **Post Facebook sans Publicité (Organique) :**

Portée Organique : Un post Facebook sans publicité est publié sur votre page sans dépenser d'argent pour le promouvoir. Sa portée est limitée à une partie des personnes qui suivent votre page et à leurs interactions avec votre contenu (likes, partages, commentaires).

Audience Restreinte : La portée organique est généralement limitée à une fraction de votre communauté existante, en fonction de l'algorithme de Facebook et de l'engagement antérieur de votre page.

Pas de Ciblage Spécifique : Vous ne pouvez pas cibler spécifiquement des segments démographiques ou des intérêts avec un post organique, car il est diffusé à tous ceux qui suivent votre page.

2. Post Sponsorisé (Publicité) :

Portée Augmentée : Un post sponsorisé est une publication payante qui vous permet de toucher un public plus large, en plus de votre communauté existante. Il apparaît dans le fil d'actualité des utilisateurs qui correspondent aux critères de ciblage définis.

Audience Élargie : En plus d'atteindre vos abonnés actuels, un post sponsorisé peut également toucher des utilisateurs en dehors de votre communauté, en fonction du ciblage que vous avez défini (par exemple, âge, sexe, emplacement, intérêts).

Ciblage Personnalisé : Vous pouvez définir des critères de ciblage précis pour votre post sponsorisé, ce qui vous permet de toucher spécifiquement les personnes les plus susceptibles d'être intéressées par votre contenu ou vos offres.

Meilleure Visibilité : En augmentant la portée de votre publication grâce à un post sponsorisé, vous avez de meilleures chances d'atteindre de nouveaux publics et d'augmenter l'engagement avec votre marque.

En résumé, tandis qu'un post Facebook sans publicité est limité à votre communauté existante et à sa portée organique, un post sponsorisé vous permet d'élargir votre audience, d'atteindre de nouveaux utilisateurs et de cibler spécifiquement les personnes les plus pertinentes pour votre contenu. Cela contribue à augmenter la visibilité de votre message et à stimuler l'engagement avec votre marque sur la plateforme.

Pour transformer un post en publicité en définissant un ciblage et en allouant un budget, il vous suffit de cliquer sur le bouton "Booster la publication". Seuls les posts créés sur les pages peuvent être convertis en publicités.

Meta Business Manager : Ciblez Votre Audience de Manière Précise.

Le Meta Business Manager offre des outils puissants pour cibler votre audience sur Facebook et Instagram, vous permettant d'atteindre les bonnes personnes avec le bon message. Voici différentes façons de cibler votre audience de manière précise :

1. **Critères Sociodémographiques de Base :**

Localisation : Ciblez votre audience en fonction de leur emplacement géographique, que ce soit à l'échelle locale, régionale, nationale ou mondiale.

Âge et Sexe : Définissez des critères d'âge et de sexe pour atteindre les utilisateurs les plus pertinents pour votre message.

Langue : Ciblez les utilisateurs en fonction de leur langue préférée pour une communication plus efficace.

2. Centres d'Intérêt :

Utilisez les centres d'intérêt pour cibler les utilisateurs en fonction de leurs passions, hobbies et préférences, permettant une segmentation plus précise de votre audience.

3. Ciblage Avancé :

D'après une Page Facebook : Ciblez les utilisateurs en fonction de leur connexion avec des pages spécifiques sur Facebook, vous permettant de toucher des audiences similaires à celles qui interagissent déjà avec des pages similaires à la vôtre.

Comportement d'Achat des Utilisateurs : Ciblez les acheteurs actifs en fonction de leur comportement d'achat en ligne, ce qui vous permet de toucher des utilisateurs plus susceptibles de convertir.

4. Ciblage Basé sur des Événements Spécifiques :

Voyageurs Fréquents et Touristes : Ciblez les utilisateurs qui ont récemment voyagé ou qui ont un intérêt marqué pour les voyages.

Amis des Personnes qui Aiment Votre Page Facebook : Atteignez les amis des personnes qui ont déjà montré un intérêt pour votre page, élargissant ainsi votre audience potentielle.

Personnes qui Vont Fêter Leur Anniversaire : Ciblez les utilisateurs dont c'est bientôt l'anniversaire, leur offrant des promotions spéciales ou des offres exclusives.

Couples, Parents, Nouveaux Fiancés : Ciblez des segments spécifiques de la population en fonction de leur statut relationnel ou familial, vous permettant de personnaliser votre message en fonction de leurs besoins et intérêts.

5. Différence entre le targeting et le retargeting.

Targeting.

Le targeting, ou ciblage, consiste à identifier et à viser un groupe spécifique de personnes basé sur divers critères démographiques, géographiques, comportementaux, et d'intérêts. L'objectif est de diffuser des messages publicitaires à ceux qui sont le plus susceptibles d'être intéressés par le produit ou le service offert. Sur les plateformes Meta, les annonceurs peuvent utiliser une vaste gamme de données pour créer des audiences personnalisées, telles que l'âge, le sexe, la localisation, les intérêts (comme les loisirs, les marques aimées, etc.), et le comportement en ligne (comme les types de sites visités ou les applications utilisées).

Retargeting.

Le retargeting, ou reciblage, fait référence à une technique spécifique visant à atteindre des personnes qui ont déjà interagi d'une manière ou d'une autre avec votre marque, mais qui n'ont pas effectué l'action souhaitée (comme effectuer un achat). Par exemple, cela peut inclure des visiteurs de votre site web qui n'ont rien acheté, des utilisateurs qui ont ajouté des articles à leur panier mais n'ont pas terminé l'achat, ou des personnes qui ont interagi avec une publication précédente sur les réseaux sociaux. Le retargeting utilise des cookies ou des pixels de suivi pour identifier ces utilisateurs et leur présenter des annonces spécifiques, dans le but de les inciter à revenir et à compléter l'action. Sur les plateformes Meta, le retargeting peut être mis en œuvre en installant le pixel Facebook sur votre site web, ce qui permet de suivre les visiteurs et de les cibler avec des publicités personnalisées sur Facebook, Instagram et d'autres applications et sites web partenaires.

En résumé.

La différence principale entre le targeting et le retargeting réside dans le fait que le targeting s'adresse à des individus basés sur des critères prédéfinis avant toute interaction avec la marque, tandis que le retargeting s'adresse spécifiquement à ceux qui ont déjà montré un intérêt pour la marque ou le produit mais n'ont pas encore converti. Ensemble, ces stratégies peuvent aider à maximiser la portée et l'efficacité des campagnes de marketing digital

En utilisant ces fonctionnalités de ciblage avancées du Meta Business Manager, vous pouvez maximiser l'efficacité de vos campagnes publicitaires sur Facebook en atteignant précisément les personnes les plus susceptibles d'être intéressées par votre offre ou votre message.

LinkedIn

Maximiser l'Utilisation de LinkedIn : Plateforme Sociale Professionnelle.

LinkedIn se distingue comme une plateforme sociale professionnelle, offrant des opportunités uniques pour les entreprises de se connecter avec leur public cible dans un contexte professionnel. Cette section explore l'importance des réseaux sociaux dans le cadre professionnel, en mettant en avant les bonnes pratiques de publication sur LinkedIn.

Importance des Réseaux Sociaux Professionnels : Atteindre un Public Ciblé.

Les réseaux sociaux sont devenus indispensables pour atteindre un large public et augmenter la visibilité de votre entreprise en ligne. LinkedIn se démarque comme une plateforme sociale professionnelle, offrant un environnement propice à la mise en réseau et à la promotion des activités professionnelles.

Pertinence pour votre Entreprise.

Les entreprises doivent choisir les réseaux sociaux qui conviennent le mieux à leur public cible et à leur type d'activité. Pour les entreprises axées sur le secteur professionnel, telles que les services B2B (business-to-business), LinkedIn offre un potentiel significatif pour établir des connexions professionnelles et générer des opportunités commerciales.

Régularité, Cohérence, Engagement.

Les publications sur les réseaux sociaux, notamment sur LinkedIn, doivent être régulières, cohérentes et engageantes pour maximiser l'impact. En partageant du contenu pertinent, en participant à des discussions professionnelles et en interagissant avec votre réseau, vous renforcez votre présence sur la plateforme et établissez votre crédibilité en tant qu'expert dans votre domaine.

En conclusion, LinkedIn offre une plateforme sociale professionnelle inestimable pour les entreprises cherchant à élargir leur réseau professionnel et à renforcer leur visibilité en ligne. En adoptant les bonnes pratiques de publication sur cette plateforme, les entreprises peuvent exploiter tout le potentiel de LinkedIn pour atteindre leur public cible, générer des opportunités commerciales et développer leur activité de manière significative.

Bonnes Pratiques de Publication sur LinkedIn.

Pour optimiser votre présence et votre impact sur LinkedIn, il est essentiel de suivre certaines bonnes pratiques de publication. Voici quelques conseils pour maximiser l'engagement et la visibilité de vos publications sur cette plateforme professionnelle :

1. **Créez un Profil Professionnel Complet et Attrayant :**

Assurez-vous que votre profil LinkedIn est complet avec une photo de profil professionnelle, un titre clair, un résumé détaillé de vos compétences et expériences, ainsi que des informations à jour sur votre parcours professionnel.

2. **Partagez Régulièrement du Contenu Pertinent :**

Publiez régulièrement du contenu pertinent pour votre domaine d'expertise, comme des articles, des actualités du secteur, des conseils professionnels, des études de cas ou des analyses.

3. **Utilisez des Médias Visuels de Haute Qualité :**

Intégrez des images, des infographies, des vidéos ou d'autres médias visuels de haute qualité pour rendre vos publications plus attrayantes et engageantes.

4. Rédigez des Légendes Engageantes :

Écrivez des légendes claires, informatives et engageantes pour accompagner vos publications, incitant les utilisateurs à s'engager et à interagir avec votre contenu.

5. Interagissez avec Votre Réseau :

Soyez actif en interagissant avec le contenu d'autres utilisateurs en commentant, aimant et partageant leurs publications. Cela peut encourager l'engagement réciproque et renforcer votre présence sur la plateforme.

6. Utilisez les Tags (@) :

Identifiez les personnes concernées dans vos publications en utilisant les tags (@), ce qui peut contribuer à accroître la portée de votre contenu en les notifiant directement.

7. Utilisez des Hashtags (#) Pertinents :

Incluez des hashtags pertinents dans vos publications pour rendre votre contenu plus facilement découvrable par les utilisateurs intéressés par des sujets similaires.

8. Soyez Authentique et Professionnel :

Restez authentique et professionnel dans toutes vos interactions sur LinkedIn, en fournissant des informations utiles et en évitant les discours inappropriés ou trop informels.

En conclusion.

En suivant ces bonnes pratiques, vous pouvez améliorer la visibilité, l'engagement et l'impact de vos publications sur LinkedIn, renforçant ainsi votre présence en ligne et votre réputation professionnelle.

Instagram : L'Importance de la Beauté du Fil d'Actualité.

Sur Instagram, l'esthétique de votre fil d'actualité joue un rôle crucial dans l'attraction et l'engagement de votre public. Voici pourquoi la beauté de votre compte Instagram est essentielle :

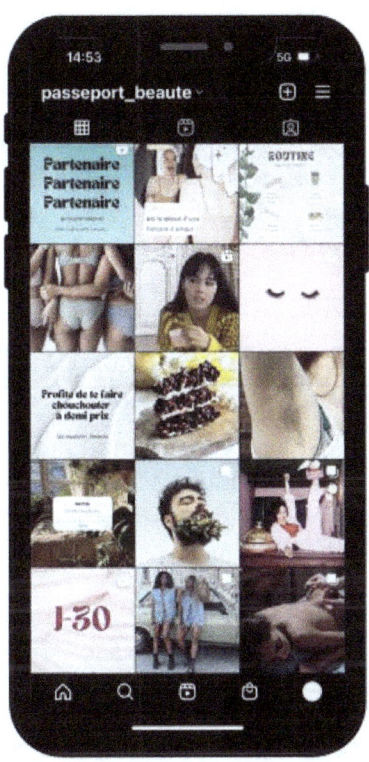

Première Impression Mémorable :

Votre fil d'actualité est souvent la première impression que les visiteurs auront de votre compte. Une esthétique attrayante capte immédiatement l'attention et incite les utilisateurs à explorer davantage votre contenu.

Renforcement de la Marque :

Une esthétique cohérente et soignée renforce l'image de marque de votre entreprise ou de votre profil personnel. Elle transmet des valeurs, un style et une identité visuelle distincts qui permettent aux utilisateurs de reconnaître rapidement votre contenu.

Engagement Accru :

Les utilisateurs sont plus susceptibles de s'engager avec un contenu visuellement attrayant. Des photos et des vidéos de haute qualité, associées à une composition artistique et à une utilisation judicieuse des filtres et des effets, incitent les utilisateurs à aimer, commenter et partager votre contenu.

Différenciation de la Concurrence :

Dans un environnement concurrentiel, une esthétique unique et mémorable vous distingue des autres comptes sur Instagram. Elle vous permet de vous démarquer et de susciter l'intérêt des utilisateurs au milieu d'une multitude de publications.

Création d'une Communauté Engagée :

Une esthétique cohérente crée une expérience visuelle harmonieuse pour vos abonnés, favorisant ainsi leur fidélité et leur engagement continu avec votre compte. Les utilisateurs sont plus susceptibles de suivre et d'interagir avec un compte qui offre une expérience visuelle agréable et inspirante.

Attraction de Nouveaux Abonnés :

Un fil d'actualité esthétiquement attrayant agit comme un aimant pour de nouveaux abonnés potentiels. Les utilisateurs sont plus enclins à suivre un compte qui présente un contenu visuellement séduisant et engageant.

Opportunité de Créativité :

Instagram offre une plateforme idéale pour exprimer votre créativité à travers des photos, des vidéos et des mises en page originales. Profitez de cette opportunité pour créer un fil d'actualité unique qui reflète votre style et votre vision.

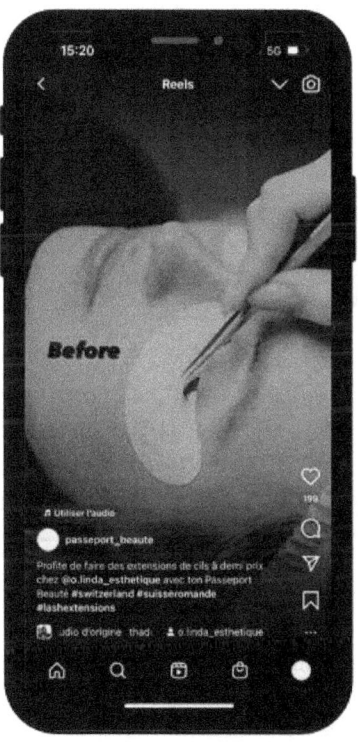

En résumé, l'esthétique de votre fil d'actualité sur Instagram est un élément clé pour attirer, engager et fidéliser votre public. En investissant du temps et des efforts dans la création d'un contenu visuellement attrayant et cohérent, vous pouvez renforcer votre présence sur la plateforme et augmenter l'impact de votre compte Instagram.

Emailing et Newsletters : Pour Engager Votre Audience.

Les campagnes d'emailing et les newsletters sont des outils puissants pour interagir avec votre audience, renforcer votre relation avec vos abonnés et favoriser la fidélisation de la clientèle. Voici quelques façons dont vous pouvez utiliser l'emailing et les newsletters pour engager votre communauté :

1. Offres Spéciales :

Utilisez des campagnes d'emailing pour promouvoir des offres spéciales, des réductions exclusives ou des promotions saisonnières à votre audience. Les abonnés apprécient les avantages exclusifs, ce qui peut stimuler les ventes et encourager la fidélité à la marque.

2. Nouvelles et Mises à Jour :

Tenez vos abonnés informés en partageant les dernières nouvelles, les mises à jour de produits ou de services, les événements à venir et d'autres informations pertinentes. Cela renforce la transparence et la confiance avec votre audience.

3. Sondages et Feedback :

Utilisez les newsletters pour recueillir des commentaires et des opinions de vos abonnés grâce à des sondages ou des questionnaires. Cela vous permet de mieux comprendre les besoins et les préférences de votre audience, ainsi que d'adapter vos offres et votre contenu en conséquence.

4. Fidélisation de la Clientèle :

Envoyez des newsletters régulières pour maintenir le contact avec vos clients existants, les informer des nouvelles offres ou des mises à jour importantes, et les encourager à rester engagés avec votre marque.

5. Contenu de Valeur :

Offrez un contenu utile et pertinent à votre audience à travers vos newsletters, tel que des conseils, des tutoriels, des études de cas ou des articles de blog. Cela renforce votre position en tant qu'expert dans votre domaine et encourage l'engagement des abonnés.

6. Personnalisation :

Utilisez des techniques de personnalisation pour rendre vos newsletters plus pertinentes et attrayantes pour chaque abonné. Segmentez votre liste d'abonnés en fonction de leurs intérêts, de leurs comportements d'achat ou d'autres critères pour envoyer des messages plus ciblés et personnalisés.

7. Appel à l'Action (CTA = Call To Action) :

Incluez des appels à l'action clairs et convaincants dans vos newsletters pour encourager les abonnés à agir, que ce soit pour effectuer un achat, s'inscrire à un événement, partager du contenu ou répondre à un sondage.

En utilisant l'emailing et les newsletters de manière stratégique, vous pouvez créer des interactions significatives avec votre audience, renforcer la fidélité à la marque et stimuler l'engagement des abonnés sur le long terme.

> Pour se conformer aux réglementations en vigueur telles que la LPD et le RGPD, il est impératif de garantir que la newsletter est envoyée uniquement aux personnes ayant donné leur consentement. De plus, la newsletter doit offrir une option de désinscription pour respecter ces réglementations.

Pour créer efficacement des newsletters, il existe une multitude d'outils tels que "Mailchimp", "Constant Contact", "AWeber", "Campaign Monitor", "GetResponse", "Sendinblue", "ConvertKit", "ActiveCampaign", "MailerLite" et "HubSpot Email Marketing". Ces outils permettent de concevoir les newsletters, de les envoyer, puis de gérer son audience ainsi que les désinscriptions.

À propos de l'auteur.

Claudio Bocchia est un entrepreneur prospère en Suisse. Autodidacte dans un premier temps, puis formé au développement informatique, il crée sa première entreprise en 1989, proposant des solutions digitales aux PME et multinationales. Il a formé une équipe de spécialistes en communication et marketing digital, photographie et vidéo.

Pendant 20 ans, Claudio a réalisé des projets dans le secteur bancaire ou dans des multinationales. Cette expertise couplée à son besoin insatiable de créer, tester, déconstruire et reconstruire, le fait évoluer avec le marché. Un entrepreneur en série.

Aujourd'hui, Claudio est à la tête de plusieurs sociétés et de plusieurs marques dont certaines sont leaders sur leur marché. Passionné par le business et l'informatique, il met ses compétences au service de ses clients.

Son parcours de self-made man l'a amené à utiliser son esprit d'analyse pour trouver des solutions aux problèmes auxquels les entreprises sont confrontées. Il était chargé de trouver des réponses simples et logiques à des problèmes extrêmement complexes. Il possède la capacité d'évaluer des contextes généraux et d'identifier des solutions rationnelles et logiques, en mettant en œuvre sa perspective et en prenant du recul sur la situation.

Passionné par le digital, il a toujours mis un point d'honneur à exploiter les dernières avancées technologiques pour promouvoir ses différents business. Pour lui, il était essentiel de se concentrer sur les stratégies de référencement avancées et sur l'utilisation efficace des plateformes numériques afin de garantir une visibilité optimale à ses sites web. Cette visibilité accrue et une réputation solide sont des éléments clés pour obtenir un avantage concurrentiel significatif.

Grâce à sa spécialisation dans le domaine de la visibilité numérique, notamment sur Google et les réseaux sociaux, il a acquis un ensemble de compétences précieuses. C'est cette expertise qu'il a souhaité partager à travers ce guide pratique. Son objectif est de fournir des conseils éclairés à toute personne désireuse d'optimiser sa présence en ligne et de tirer parti des opportunités offertes par le monde digital.

www.ingramcontent.com/pod-product-compliance
Lightning Source LLC
Chambersburg PA
CBHW070145230526
45471CB00002B/530